はじめに

　平成29年6月2日、改正介護保険法（地域包括ケアシステムの強化のための介護保険法等の一部を改正する法律）が公布されました。介護予防給付の導入（平成17年）、予防給付の一部の地域支援事業への移行（平成26年）と比べると今回の改正はさして複雑ではありません。

　一方で財政健全化と少子高齢化、人口減少の課題に対応し、例えば介護ロボットを人員配置基準に反映する等、2025年のみならず2040年（団塊ジュニア世代が高齢者となる）も見据えています。今後の改正の方向性を示唆し、序幕を開いたといっても過言ではありません。

　法律の大きなテーマは「地域包括ケアシステムの深化・推進」「介護保険制度の持続可能性」で、1）保険者機能の強化、2）医療・介護の連携の推進、3）地域共生社会の実現に向けた取組の推進等から構成され、ここからも今後の制度の方向性が明示されています。

　保険者機能の強化では「保険者機能強化推進交付金」が創設され、地域ケア会議の開催実績や適正化事業の実施状況などが評価項目に導入されました。また、一定の回数以上の生活援助中心型を位置付けた場合の保険者へのケアプランの提出義務化など、ケアマネジャーは今まで以上にケアプランに根拠と説明責任を求められています。また通所系サービスへのアウトカム評価の導入も新たな局面が展開されたといえるでしょう。

　医療介護同時改定となり、報酬は医療と表裏一体となっていますが、医療ニーズの高い方々、ターミナルケアを必要とする方などが在宅へシフトすることを考慮すれば、加算の有無にかかわらず、医師等としっかり連携する基盤となる知識・技術を身に着けることが社会から望まれています。

　新たに「地域共生社会」の概念が示され、社会福祉法も改正されました。世代や分野の垣根を越えて、地域の住民一人一人が自分らしく活躍できる社会を構築していくということを視野に入れています。世帯の生活課題が重層化する今日、介護保険だけで課題が解決できるわけではありません。これら社会の変化はやがて介護保険法自体の抜本的な見直しに加え、対人援助職としてのケアマネジャーの役割やあり方にも大きく影響を及ぼすことになるかもしれません。そういう意味では今回の法改正、報酬改定では今後の方向性を明確に打ち出した改正といえるでしょう。

　本書は、今回の改正の概要とそこから透けて見える今後の改正の方向性を理解し、行政職員、ケアマネジャー、介護従事者等、私たちはそれぞれの立場として、また一市民として共に手を取り合い、将来をどのように描き創っていくのかを考えるための一助に活用して頂ければ幸いです。

平成30年6月　　　　　　　　　　　　　　　　　　　　　　　　　石山　麗子

目 次

- ◇ はじめに ……………………………………………………………… 1
- ◇ 介護保険法の目的・理念等 …………………………………………… 4
- ◇ 法律改正の目的等 ……………………………………………………… 5

第1部 本編

Ⅰ 制度改正の背景 …………………………………………………… 8
1. 人口減少下の少子高齢社会 ……………………………………… 8
2. 年齢別要介護認定者数及び認定率 ……………………………… 10
3. 認知症患者数・有病率の将来推計 ……………………………… 11
4. 総事業費と認定者数の関係 ……………………………………… 13

Ⅱ 法律の改正 ………………………………………………………… 15
1. 平成29年度法改正の主な事項（介護保険法関連）………………… 16

Ⅲ 地域包括ケアシステムの構築 …………………………………… 19
1. 「地域包括ケアシステム」の構築について ……………………… 19
2. 「地域包括ケアシステム」の構成要素 …………………………… 20
3. 地域共生社会 ……………………………………………………… 21
4. 保険者機能の強化、地域包括支援センターの機能強化 ………… 22
5. 高齢者の居住の場の確保〜施設から在宅へ〜 ………………… 38

Ⅳ サービスの改正（鳥瞰図）……………………………………… 40
1. 特別養護老人ホームの入所対象者の変更（重点化）…………… 41
2. 予防給付の再編 …………………………………………………… 42
3. サービス付き高齢者向け住宅への住所地特例の適用 ………… 47
4. 介護予防・日常生活支援総合事業〜ガイドラインの骨子〜 … 47
5. サービス利用の流れ ……………………………………………… 53
6. 関係者間の意識共有と介護予防ケアマネジメント …………… 62
7. 在宅医療・介護連携の実際の方法 ……………………………… 63
8. 総合事業への円滑な移行 ………………………………………… 65
9. 介護医療院の創設について ……………………………………… 66
10. 介護支援専門員関係 ……………………………………………… 67

Ⅴ	利用者負担	73
1	利用者負担の見直し（3割負担の導入）	73
2	補足給付の見直し（資産要件等の導入）	73
3	保険料の低所得者軽減強化	74

Ⅵ	第7期介護保険事業計画のポイント	75

Ⅶ	その他	76
1	事業者情報の公表	76

第2部　資料編

1	指定居宅介護支援等の事業の人員及び運営に関する基準（抜粋）	80
2	介護報酬の改定	85
3	平成30年度介護報酬改定に関するQ&A（抜粋）	89
	参考　平成30年度介護報酬改定に関する審議報告（抜粋）	110
4	指定居宅サービス等の事業の人員、設備及び運営に関する基準等の改正等の主な内容	129
5	平成30年度改正介護保険法（抜粋）	137
6	「地域包括ケアシステムの強化のための介護保険法等の一部を改正する法律」の概要	148
7	基本チェックリスト	151
8	介護支援専門員研修制度	152
9	人生の最終段階における医療・ケアの決定プロセスに関するガイドライン	154
10	障害高齢者及び認知症高齢者の自立度の定義	156
11	高齢者虐待防止法と虐待の定義	158
12	身体拘束について	159
13	成年後見制度と福祉サービス利用援助事業	160
14	リハビリテーション	161
15	社会福祉法人制度改革	163
16	その他	165

――表記について――
本書中「市町村」の表記は、東京都においては「特別区」を含みます。

◇ 介護保険法の目的・理念等 ◇

「介護保険法」

（平成9年12月17日法律第123号/最終改正：平成29年6月2日法律第52号）

＊重要部分は下線で表示

　　第1章　総則
（目的）
第1条　この法律は、加齢に伴って生ずる心身の変化に起因する疾病等により要介護状態となり、入浴、排せつ、食事等の介護、機能訓練並びに看護及び療養上の管理その他の医療を要する者等について、これらの者が尊厳を保持し、その有する能力に応じ自立した日常生活を営むことができるよう、必要な保健医療サービス及び福祉サービスに係る給付を行うため、国民の共同連帯の理念に基づき介護保険制度を設け、その行う保険給付等に関して必要な事項を定め、もって国民の保健医療の向上及び福祉の増進を図ることを目的とする。

（介護保険）
第2条　介護保険は、被保険者の要介護状態又は要支援状態（以下「要介護状態等」という。）に関し、必要な保険給付を行うものとする。
2　前項の保険給付は、要介護状態等の軽減又は悪化の防止に資するよう行われるとともに、医療との連携に十分配慮して行われなければならない。
3　第1項の保険給付は、被保険者の心身の状況、その置かれている環境等に応じて、被保険者の選択に基づき、適切な保健医療サービス及び福祉サービスが、多様な事業者又は施設から、総合的かつ効率的に提供されるよう配慮して行われなければならない。
4　第1項の保険給付の内容及び水準は、被保険者が要介護状態となった場合においても、可能な限り、その居宅において、その有する能力に応じ自立した日常生活を営むことができるように配慮されなければならない。

（保険者）
第3条　（略）

（国民の努力及び義務）
第4条　国民は、自ら要介護状態となることを予防するため、加齢に伴って生ずる心身の変化を自覚して常に健康の保持増進に努めるとともに、要介護状態となった場合においても、進んでリハビリテーションその他の適切な保健医療サービス及び福祉サービスを利用することにより、その有する能力の維持向上に努めるものとする。
2　国民は、共同連帯の理念に基づき、介護保険事業に要する費用を公平に負担するものとする。

（以下略）

◇ 法律改正の目的等 ◇

「地域包括ケアシステムの強化のための介護保険法等の一部を改正する法律」
（平成元年6月30日法律第64号/最終改正：平成29年6月2日　法律第52号）

＊重要部分は下線で表示

【改正の趣旨】
　地域包括ケアシステムを強化するため、市町村介護保険事業計画の記載事項への被保険者の地域における自立した日常生活の支援等に関する施策等の追加、当該施策の実施に関する都道府県及び国による支援の強化、長期療養が必要な要介護者に対して医療及び介護を一体的に提供する介護医療院の創設、一定以上の所得を有する要介護被保険者等の保険給付に係る利用者負担の見直し並びに被用者保険等保険者に係る介護給付費・地域支援事業支援納付金の額の算定に係る総報酬割の導入等の措置を講ずること。

【参考　平成27年改正】

　　第1章　総則
（目的）
第1条　この法律は、国民の健康の保持及び福祉の増進に係る多様なサービスへの需要が増大していることに鑑み、地域における創意工夫を生かしつつ、地域において効率的かつ質の高い医療提供体制を構築するとともに地域包括ケアシステムを構築することを通じ、地域における医療及び介護の総合的な確保を促進する措置を講じ、もって高齢者をはじめとする国民の健康の保持及び福祉の増進を図り、あわせて国民が生きがいを持ち健康で安らかな生活を営むことができる地域社会の形成に資することを目的とする。

（定義）
第2条　この法律において「地域包括ケアシステム」とは、地域の実情に応じて、高齢者が、可能な限り、住み慣れた地域でその有する能力に応じ自立した日常生活を営むことができるよう、医療、介護、介護予防（要介護状態若しくは要支援状態となることの予防又は要介護状態若しくは要支援状態の軽減若しくは悪化の防止をいう。）、住まい及び自立した日常生活の支援が包括的に確保される体制をいう。
（「地域における医療及び介護の総合的な確保の促進に関する法律」（平成元年6月30日法律第64号/最終改正：平成26年6月25日））

2～4　（略）

（以下略）

第1部
本　編

I 制度改正の背景

- 人口減少下の少子高齢社会の進展による影響
- 医療・介護等を必要とする後期高齢者の増加等、医療・介護サービス需要の変化等
- 入院・入所から在宅での生活継続への一層の推進

　介護保険制度が施行されて、18年経ちました。制度創設当時と比べて、介護保険を取り巻く環境は厳しさを増しています。サービス利用者数の増加（500万人、制度創設時の3倍超）、要介護認定率が高い後期高齢者の増加、一人暮らし高齢者や高齢者のみ世帯の増加及び世帯人員の減少が続き、家族の絆の希薄化や地域の絆の希薄化などとあいまって、世帯や地域の問題がより顕在化しています。

　一方、要介護リスクが高い、後期高齢者は増え続け、医療・介護ニーズの増加が見込まれる中、社会保険制度としての介護保険制度を支える第2号被保険者の数も人口減少下で減少傾向にあります。併せて、現役世代自身、非正規労働者が約3分の1を超え、雇用環境も変化し、経済的な負担能力にも限界が生じ、介護保険の財源確保に苦慮する事態となっています。

　このような社会背景から、支援を必要としているのは高齢者や障害者だけでなく、若年層、稼働層にも及びます。そこで地域の全ての住民一人一人が自分らしく活躍し、暮らしと生きがいを共に創っていく社会を目指し、分野や制度の垣根を越えて、支え手、受け手いう関係も超え「他人事」になりがちな地域の事を「我が事」として主体的に取り組んでいく「地域共生社会」の考え方が示されました。地域共生社会は、世代や分野を超えて「丸ごと」受け入れ、繋がっていくことで実現を図っていくというのがコンセプトです。

1　人口減少下の少子高齢社会

1　人口の動向

　2008年をピークに日本の総人口は減少に転じました。国立社会保障・人口問題研究所の将来人口推計によれば、2060年には、日本の総人口は、ピーク時と比較して約4,200万人が減少し、8,808万人となると予測されています。

　人口減少の特徴は、次世代を担う年少人口の減少、働き手である生産年齢人口の減少等により総人口は減少しますが、65歳以上の高齢者の絶対数は、人口減少下にあってもしばらくは増加し続けます。

　その高齢者人口も、前期高齢者（65歳～74歳）の人口はまもなく頭打ちになる一方で、75歳以上の後期高齢者の人口は、絶対数・割合ともにしばらくは増加し続けます。

【図1】のグラフにもあるように、前期高齢者と後期高齢者の絶対数は、2015年から2020年の間に入れ替わり、後期高齢者は絶対数においても逆転し（2017年頃）、その後、しばらくは増加し続けます。

人口構成の変化は、高齢問題に留まらず、年少人口が減少し続ける限り、人口減少下の少子高齢社会は止まらず、生産年齢人口の減少も続きます。どこかで人口構成の安定化を図れない限り、今後とも人口減少下の少子高齢社会が続きます。

【図1】人口減少下の少子高齢社会

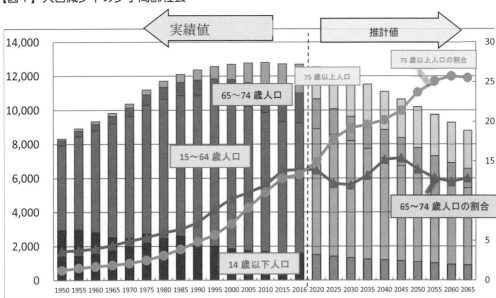

資料：2016年までは総務省統計局「国勢調査」および「人口推計」、2020年以降は国立社会保障・人口問題研究所「日本の将来推計人口（平成29年4月推計）中位推計」

（厚生労働省資料より）

2　高齢夫婦世帯、高齢単独世帯の増加

そのような中で、高齢夫婦世帯、高齢単独世帯の増加が顕著になっています。世帯数自体は、世帯人員の減少（1960年4.14人、1980年3.25人、2010年2.42人）に伴い、1970年の3,030万世帯、2000年の4,678万世帯、2010年の5,093万世帯と増加しています。その中にあって、高齢夫婦世帯及び高齢単独世帯が増え続けています。

高齢夫婦世帯は2000年には366万世帯、2010年には525万世帯、2016年には752万世帯へと増加しています。高齢単独世帯も、2000年の303万世帯から、2010年の458万世帯と大きく増加しています。

高齢夫婦世帯や、高齢単独世帯は今後も増加が見込まれていますが、高齢者の塊が前期高齢者から後期高齢者に移行することで、要介護等のリスクが上昇します。

また、孤独死や社会からの孤立も進むものと思われます。これらの問題への対応も待ったなしの課題となります。

3　2040年（平成52年）までの人口動向

　2040（平成52年）年には団塊ジュニア世代が65歳以上を迎えます。人口の高齢化は今後さらに進展することが見込まれています。【表1】では2018（平成30年）には総人口に占める高齢者の割合は28.3%、2025年（平成37年）には30.0%と増加します。特徴的なことは、高齢者といっても今後は後期高齢者の割合が高く、その傾向が顕著になるということです。（2017年に絶対数で前期高齢者を後期高齢者上回り、以後後期高齢者は増加し続けている。）

【表1】総数,年齢4区分(0～19歳,20～64歳,65～74歳,75歳以上)別総人口及び年齢構造係数:出生中位(死亡中位)推計

年次		人口（1,000人）					割合（%）			
		総数	0～19歳	20～64歳	65～74歳	75歳以上	0～19歳	20～64歳	65～74歳	75歳以上
平成30	2018	126,177	21,289	69,282	17,608	17,999	16.9	54.9	14.0	14.3
32	2020	125,325	20,720	68,412	17,472	18,720	16.5	54.6	13.9	14.9
37	2025	122,544	19,426	66,347	14,971	21,800	15.9	54.1	12.2	17.8
52	2040	110,919	16,287	55,426	16,814	22,392	14.7	50.0	15.2	20.2
67	2055	97,441	13,950	46,449	12,581	24,462	14.3	47.7	12.9	25.1
77	2065	88,077	12,374	41,893	11,330	22,479	14.0	47.6	12.9	25.5

各年10月1日現在の総人口(日本における外国人を含む).平成27(2015)年は,総務省統計局『平成27年国勢調査　年齢・国籍不詳をあん分した人口(参考表)』による

（国立社会保障・人口問題研究所「日本の将来推計人口」（平成29年推計）より）

2　年齢別要介護認定者数及び認定率

　【図2】で制度施行当初と平成28年4月末時点の要介護認定者数を比較すると、およそ3倍となっています。また【図3】のとおり、要介護認定率は、加齢とともに上昇します。要介護認定率は、65～74歳の前期高齢者は、2.9％～6.3％ですが、その絶対数はまもなく減少に転じます。

　一方、後期高齢者については、75～79歳は13.2％、90歳を超えると7割以上となります。今後わが国は、後期高齢者数の増加を迎えますが、要介護認定率は自然増していきますので更なる介護予防の視点が重要です。同時に亡くなる方も増加もするため、看取りをどのように考え、取り組んでいくのかも喫緊の課題です。

第1部　本編
Ⅰ　制度改正の背景

【図2】要介護度別認定者数の推移

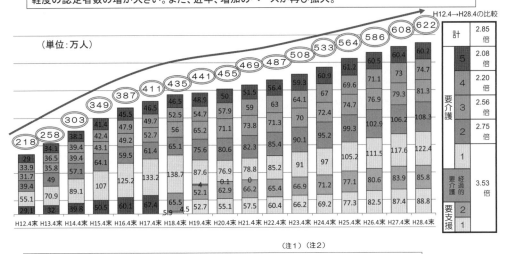

（介護保険事業状況報告より）

注1）陸前高田市、大槌町、女川町、桑折町、広野町、楢葉町、富岡町、川内村、大熊町、双葉町、浪江町は含まれていない。
注2）楢葉町、富岡町、大熊町は含まれていない。

【図3】年齢別要介護認定率

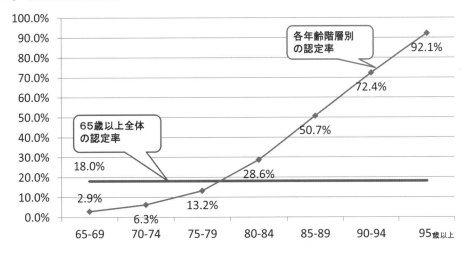

（厚生労働省資料より）

3　認知症患者数・有病率の将来推計

　【表2】で2012年の認知症患者数は、462万人（有病率15％）ですが、2040年には953万人（有病率24.6％）と推計されています。加齢に伴って有病率が上昇するこ

とや、男性に比べ、女性の有病率が高いことがわかります【図4】。
　若年性認知症の場合には特に40歳代から患者数・有病率共に増加します。若年性認知症の方は、子育て、就労等の社会的な役割を複数担っている層であること等を踏まえ、個別のケアマネジメントに加え、地域で支えていく仕組みや体制の整備も重要な課題の一つです。

【表2】65歳以上の認知症患者の推定者と推定有病率

	2012	2015	2020	2025	2030	2040	2050	2060
人数	462	525	631	730	830	953	1016	1154
比率	15	15.5	17.5	20.0	22.5	24.6	27	33.3

※各年齢の認知症有病率が上昇する場合　　　　　　　　　　内閣府　平成28年高齢社会白書より

【図4】年齢階級別の認知症有病率

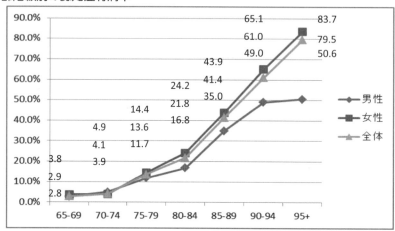

厚生労働科学研究費補助金　認知症対策総合研究事業
「都市部における認知症有病率と認知症の生活機能障害への対応」（平成21〜24）
総合研究報告書より、認知症・虐待防止対策推進室にて数字を加筆
　　　　　　　　　　　　　　　　　　　　研究代表者　朝田隆（筑波大学医学医療系）

【表3】年齢階層別若年性認知症有病率（推計）

年齢	人口10万人当たり有病率（人）			推定患者数（万人）
	男	女	総数	
18-19	1.6	0.0	0.8	0.002
20-24	7.8	2.2	5.1	0.037
25-29	8.3	3.1	5.8	0.045
30-34	9.2	2.5	5.9	0.055
35-39	11.3	6.5	8.9	0.084
40-44	18.5	11.2	14.8	0.122
45-49	33.6	20.6	27.1	0.209
50-54	68.1	34.9	51.7	0.416
55-59	144.5	85.2	115.1	1.201
60-64	222.1	155.2	189.3	1.604
18-64	57.8	36.7	47.6	3.775

厚生労働科学研究費補助金（長寿科学総合研究事業）による「若年性認知症の実態と対応の基盤整備に関する研究」（平成21年3月）より

【図5】若年性認知症基礎疾患の内訳

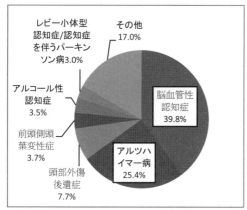

厚生労働科学研究費補助金（長寿科学総合研究事業）による「若年性認知症の実態と対応の基盤整備に関する研究」（平成21年3月）より

4 総事業費と認定者数の関係

　2017年度には介護保険の総事業費が10.8兆円となり、団塊の世代が全て後期高齢者となる2025年には、20兆円を超えるという試算もあります。

　高齢化の進展により、高齢者数や認定者数も伸び続けています。総事業費と認定者数の関係を比較すると【表4】のようになります。認定者数の伸びとほぼパラレルに総事業費も伸びています。

　これを、それぞれの伸び率で比較し、その上で総事業費の伸び率を認定者数の伸び率で割ってみると、【図6】のように基本的に認定者数の伸び率以上に、総事業費が伸びていない結果となります。1.0を超えると、認定者数の伸び率を総事業費の伸び率が上回ります。

　換言すると、認定者数の伸び率の範囲内に総事業費の伸びが抑制されているようにもみえます。この観点から両者の関係をみると、2001年と2002年及び2013年と2014年を除いて認定者数の伸びを総事業費の伸びは下回っています。

　「経済財政運営と改革の基本方針2017」（平成29年6月9日閣議決定)では医療費と介護費用の伸びを認定者ではなく高齢者の伸び率の範囲内に収めるとしています。介護給付費の抑制が、角をためて牛を殺すことがないよう、バランスをとり、持続可能な介護保険制度としていくかは、今後の制度設計も絡んだ、大きな課題と思われます。

【表4】介護保険総事業費と認定者数の推移（総事業費：兆円、認定者数：万人）

	2000年度	2001年度	2002年度	2003年度	2004年度	2005年度	2006年度	2007年度	2008年度	2009年度	2010年度	2011年度	2012年度	2013年度	2014年度	2015年度	2016年度	2017年度
総事業費A	3.6	4.6	5.2	5.7	6.2	6.4	6.4	6.7	6.9	7.4	7.8	8.2	8.8	9.4	9.6	10.1	10.4	10.8
認定者数B	218	258	303	349	387	411	435	441	455	469	487	508	533	564	586	608	622	633
伸び率A	1.00	1.28	1.44	1.58	1.72	1.78	1.78	1.86	1.92	2.06	2.17	2.28	2.44	2.61	2.69	2.79	2.85	2.90
B	1.00	1.18	1.39	1.60	1.78	1.89	2.00	2.02	2.09	2.15	2.23	2.33	2.44	2.59	2.67	2.81	2.89	3.00
B/A	1.00	0.926	0.962	1.011	1.031	1.060	1.122	1.087	1.089	1.047	1.031	1.023	1.000	0.991	0.992	1.006	1.013	1.033

（厚生労働省資料より一部改）

【図6】総事業費と認定者数の年度比較（総事業費の伸び率／認定者数の伸び率）

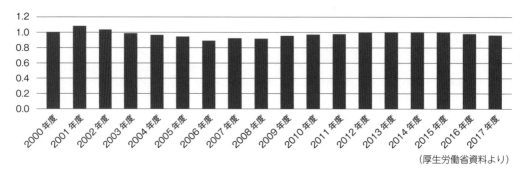

（厚生労働省資料より）

　なお、介護保険制度の今後の制度改革の方向性を探るには、社会保障制度審議会での議論とともに、財政制度審議会での社会保障制度に関する議論にも注視する必要があります。

Ⅱ 法律の改正

【法律の改正】

「地域包括ケアシステムの強化のための介護保険法等の一部を改正する法律」
(平成元年6月30日法律第64号/最終改正：平成29年6月2日　法律第52号)

【趣旨】

　地域包括ケアシステム強化のため、介護保険事業計画の記載事項に自立した日常生活支援等施策の記載、長期にわたる療養が必要な要介護者対象の介護医療院の創設、利用者負担3割導入、2号被保険者保険料総報酬割の導入等

【図7】

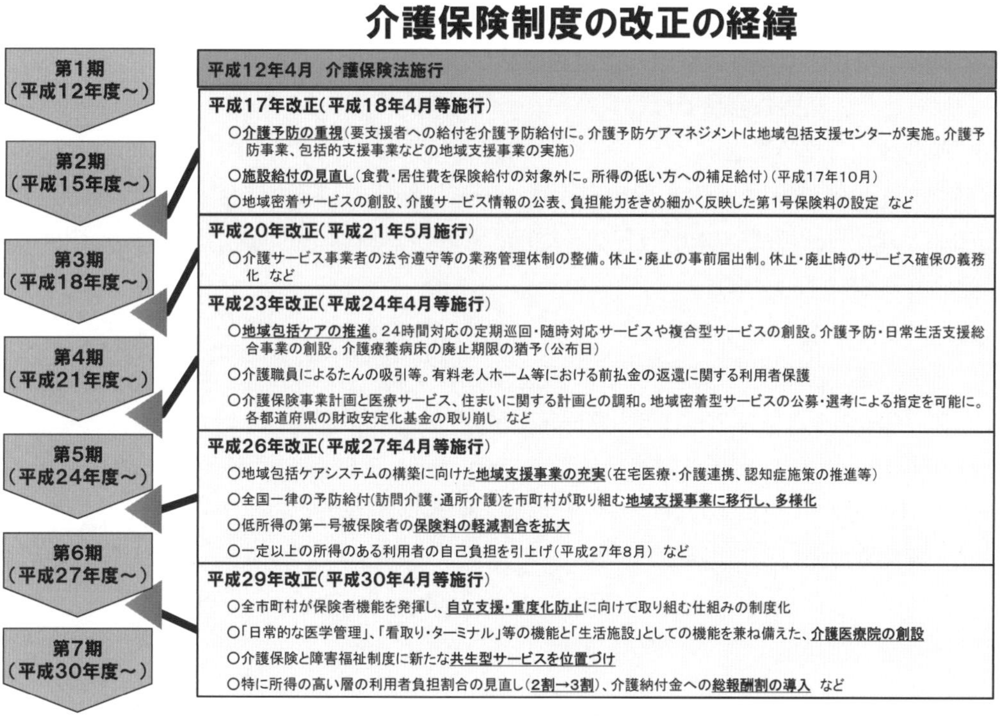

介護保険制度の改正の経緯

第1期（平成12年度～）	平成12年4月　介護保険法施行
第2期（平成15年度～）	**平成17年改正（平成18年4月等施行）** ○<u>介護予防の重視</u>（要支援者への給付を介護予防給付に。介護予防ケアマネジメントは地域包括支援センターが実施。介護予防事業、包括的支援事業などの地域支援事業の実施） ○<u>施設給付の見直し</u>（食費・居住費を保険給付の対象外に。所得の低い方への補足給付）（平成17年10月） ○地域密着サービスの創設、介護サービス情報の公表、負担能力をきめ細かく反映した第1号保険料の設定　など
第3期（平成18年度～）	**平成20年改正（平成21年5月施行）** ○介護サービス事業者の法令遵守等の業務管理体制の整備。休止・廃止の事前届出制。休止・廃止時のサービス確保の義務化　など
第4期（平成21年度～）	**平成23年改正（平成24年4月等施行）** ○<u>地域包括ケアの推進</u>。24時間対応の定期巡回・随時対応サービスや複合型サービスの創設。介護予防・日常生活支援総合事業の創設。介護療養病床の廃止期限の猶予（公布日） ○介護職員によるたんの吸引等。有料老人ホーム等における前払金の返還に関する利用者保護 ○介護保険事業計画と医療サービス、住まいに関する計画との調和。地域密着型サービスの公募・選考による指定を可能に。各都道府県の財政安定化基金の取り崩し　など
第5期（平成24年度～）	**平成26年改正（平成27年4月等施行）** ○地域包括ケアシステムの構築に向けた<u>地域支援事業の充実</u>（在宅医療・介護連携、認知症施策の推進等） ○全国一律の予防給付（訪問介護・通所介護）を市町村が取り組む<u>地域支援事業に移行し、多様化</u> ○低所得の第一号被保険者の<u>保険料の軽減割合を拡大</u> ○一定以上の所得のある利用者の自己負担を引上げ（平成27年8月）　など
第6期（平成27年度～）	
第7期（平成30年度～）	**平成29年改正（平成30年4月等施行）** ○全市町村が保険者機能を発揮し、<u>自立支援・重度化防止</u>に向けて取り組む仕組みの制度化 ○「日常的な医学管理」、「看取り・ターミナル」等の機能と「生活施設」としての機能を兼ね備えた、<u>介護医療院の創設</u> ○介護保険と障害福祉制度に新たな<u>共生型サービスを位置づけ</u> ○特に所得の高い層の利用者負担割合の見直し（<u>2割→3割</u>）、介護納付金への<u>総報酬割の導入</u>　など

（厚生労働省資料より）

1　平成29年度法改正の主な事項（介護保険法関連）

1　前回の改正との相違点

　平成29年度の改正介護保険法は、「地域包括ケアシステム強化のための介護保険法等の一部を改正する法律」とされ、平成29年6月2日に公布されました。これまで推進してきた地域包括ケアシステムを更に深め、推進していくと同時に、制度の持続可能性の確保を目指した改正です。

　平成26年度の改正との相違点を以下のようにまとめました。

(1)　財政健全化に向けた取組の一環としての改正

　○プライマリーバランスの黒字化を目指す財政健全化の枠組みの中での改正である。
　○経済・財政再生計画改革工程表の検討項目に沿った改正（2016〜2018年度は集中改革期間）にある。

(2)　安定財源の確保が困難

　○消費増税は延期され、安定した財源の確保は困難な状況である。
　○サービスの充実も容易でない

(3)　前回改正の施行途上

　前回改正の各施策は、平成27年度4月に一斉に施行されるものばかりではなく、施行時期が異なり、平成29年度改正は、前回の改正の施行途上にある。

　○総合事業（H29.4〜）
　○地域支援事業（H30.4〜）
　○居宅介護支援事業所の指定権限の移譲（H30.4〜）

(4)　2025年のみならず2040年も見据えた改正

　前回改正では、2025年を目途に地域包括ケアシステム構築を目指すとしたが、団塊ジュニアが高齢者となる2040年をも見据えた中長期的視点での改正である。

　○介護需要は2025年以降2040年頃まで増加することを踏まえた。
　○団塊ジュニアも65歳以上となり労働力人口は減少していく。
　○財源と人材の重点化・効率化に向けた改革努力を進めていく必要がある。

【図8】

前回の介護保険法改正と今回の改正の比較

前回改正（平成26年）

◇ポイント◇

1．充実と重点化・効率化を同時に行う改正
○社会保障と税の一体改革の一環としての改正

2．消費税の増収分の活用
① 地域支援事業の充実
（生活支援サービスの充実・強化など）
② 低所得者の保険料軽減割合の段階的な拡大

3．新しい総合事業の創設と費用負担
○新総合事業導入による多様なサービスの導入
○所得水準に応じた負担の導入
① 要支援1・2の予防給付（訪問介護・通所介護）を総合事業に移行
② 多様担い手による多様なサービスの提供
③ 自己負担割合を1割⇒2割に拡大

4．2025年を見据えた改正
○団塊の世代が75歳に達する2025年度見据えた改正

今回改正（平成29年）

◇前回改正との相違点◇

1．財政健全化に向けた取組の一環としての改正
○プライマリーバランスの黒字化を目指す財政健全化の枠組みの中での改正
○経済・財政再生計画改革工程表の検討項目に沿った改正（2016～2018年度は集中改革期間）

2．安定財源の確保が困難
○消費増税の延期
○サービスの充実も容易でない

3．前回改正の施行途上
○総合事業（H29.4～）
○地域支援事業（※）（H30.4～）
○居宅介護支援事業所の指定権限の移譲（H30.4～）

4．2025年のみならず2040年も見据えた改正
○介護需要は2025年以降2040年頃まで増加
○団塊ジュニアも65歳以上となり労働力人口も減少
○財源と人材の重点化・効率化に向けた改革努力を進めていく必要

（地域福祉ケアマネジメント推進研究会資料より）

2　平成29年度法改正の主な改正事項

(1) 地域包括ケアシステムの深化・推進を目指した取り組みは以下のとおりです。

1）自立支援・重度化防止に向けた保険者機能の強化等の取組の推進(介護保険法)

① 全市町村が保険者機能を発揮し、自立支援・重度化防止に向けて取り組む仕組みの制度化

・国から提供されたデータを分析の上、介護保険事業（支援）計画を策定。計画に介護予防・重度化防止等の取組内容と目標を記載
・財政的インセンティブの付与の規定の整備

② 地域支援事業・介護予防・認知症施策の推進

・地域包括支援センターの機能強化（市町村による評価の義務づけ等）
・認知症施策の推進（新オレンジプランの基本的な考え方（普及・啓発等の関連施策の総合的な推進）を制度上明確化

③ 適切なケアマネジメントの推進等

2）医療・介護の連携の推進等（介護保険法、医療法）

① 「日常的な医学管理」や「看取り・ターミナル」等の機能と、「生活施設」としての機能とを兼ね備えた、新たな介護保険施設を「介護医療院」として創設
② 医療・介護の連携等に関し、都道府県による市町村に対する必要な情報の提供その他の支援の規定を整備

3) 地域共生社会の実現に向けた取組の推進等（社会福祉法、介護保険法、障害者総合支援法、児童福祉法）
① 市町村による地域住民と行政等との協働による包括的支援体制作り、福祉分野の共通事項を記載した地域福祉計画の策定の努力義務化
② 高齢者と障害児者が同一事業所でサービスを受けやすくするため、介護保険と障害福祉制度に新たに共生型サービスを位置付ける（訪問介護、通所介護、短期入所生活介護）
③ 居宅サービス事業者の指定等に対する保険者の関与強化（小規模多機能等を普及させる観点からの指定拒否の仕組み等の導入）
④ 有料老人ホーム入居者保護のための施策の強化（事業停止命令の創設、前払金の保全措置の義務の対象拡大等）

(2) 介護保険制度の持続可能性の確保
1) 利用者負担のあり方（介護保険法）
① ２割負担者のうち特に所得の高い層の負担割合を３割とする。（平成３０年８月１日施行）
② 介護納付金への総報酬割の導入。（平成29年8月分の介護納付金から適用）
・各医療保険者が納付する介護納付金（40～64歳の保険料）について、被用者保険間では『総報酬割』（報酬額に比例した負担）とする。
2) 関連するサービスの見直し
① 介護給付の運営等の見直し
・医療と介護の連携の強化、リハビリとの連携、訪問介護の回数など
② 地域支援事業
・地域での支え合いへの住民の主体的参画の促進など

Ⅲ 地域包括ケアシステムの構築

> 「地域包括ケアシステム」とは、地域の実情に応じて、高齢者が、可能な限り、住み慣れた地域でその有する能力に応じ自立した日常生活を営むことができるよう、<u>医療、介護、介護予防（要介護状態若しくは要支援状態となることの予防又は要介護状態若しくは要支援状態の軽減若しくは悪化の防止をいう。）、住まい及び自立した日常生活の支援が包括的に確保される体制</u>をいう。
>
> 「地域における医療及び介護の総合的な確保の促進に関する法律」（平成元年6月30日法律第64号）第2条より

地域包括ケアシステムの構築により内部（施設）完結型から地域で完結できるサービスへの仕組みの転換を強く押し進めます。

【図9】地域包括ケアシステムのイメージ図

地域包括ケアシステムの構築について

○ 団塊の世代が75歳以上となる2025年を目途に、重度な要介護状態となっても住み慣れた地域で自分らしい暮らしを人生の最後まで続けることができるよう、医療・介護・予防・住まい・生活支援が包括的に確保される体制（地域包括ケアシステム）の構築を実現。
○ 今後、認知症高齢者の増加が見込まれることから、認知症高齢者の地域での生活を支えるためにも、地域包括ケアシステムの構築が重要。
○ 人口が横ばいで75歳以上人口が急増する大都市部、75歳以上人口の増加は緩やかだが人口は減少する町村部等、高齢化の進展状況には大きな地域差。
○ 地域包括ケアシステムは、保険者である市町村や都道府県が、地域の自主性や主体性に基づき、地域の特性に応じて作り上げていくことが必要。

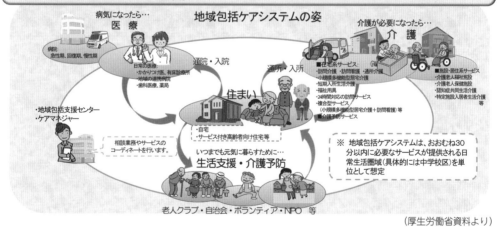

（厚生労働省資料より）

1 「地域包括ケアシステム」の構築について

1 地域包括ケアシステムの構築

高齢者の尊厳を考えたとき、可能な限り地域で社会と関わり、主体的な生き方を大事にして暮らすことも重要です。そこで施設の要素をケアと住宅に分解し、それを地域の

中で実現することにより、介護が必要になっても安心して地域で暮らせる仕組みを、地域全体で作ろうとするものです。

　そのような仕組みの実現は介護保険サービスだけでは不可能です。疾病の構造の変化に対応した効率的な医療提供体制の構築と、住み慣れた地域で人生の最期まで暮らしたい、介護と仕事を両立したい、という患者・利用者の希望や状態像に応じ、切れ目なく医療・介護サービスが提供されるシステム、住民参加の活動等、自助・共助・互助・公助を地域の実情に応じてつなぎあわせるトータルコーディネートの地域包括ケアシステムの構築や介護基盤の整備の推進が求められています。

【図10】支え合いによる地域包括ケアシステムの構築について

○地域包括ケアシステムの構築に当たっては、「介護」「医療」「福祉」といった専門的サービスの前提として、「住まい」と「介護予防・生活支援」といった分野が重要である。
○自助・共助・互助・公助をつなぎあわせる（体系化・組織化する）役割が必要。
○とりわけ、都市部では、意識的に「互助」の強化を行わなければ、強い「互助」を期待できない。

自助：・介護保険・医療保険の自己負担部分
　　　・市場サービスの購入
　　　・自身や家族による対応

互助：・費用負担が制度的に保障されていない、ボランティアなどの支援、地域住民の取組み

共助：・介護保険・医療保険制度による給付

公助：・介護保険・医療保険の公費（税金）部分
　　　・自治体等が提供するサービス

（厚生労働省資料より）

2　「地域包括ケアシステム」の構成要素

「地域包括ケアシステム」の構成要素として以下のものがあります。

■　構成要素
1　相談・調整機関
(1)　地域包括支援センター（機能強化）
(2)　在宅医療・介護連携支援に関する相談窓口の設置
　　これまでの地域包括支援センターでの相談調整機能に加えて、別に医師会等が運営する医療連携を行う窓口（センター）を新たに創設します。

2 利用者の暮らしをコーディネート

(1) 地域包括支援センター職員
(2) 介護支援専門員
(3) 生活支援コーディネーター（地域支え合い推進員）
(4) 認知症地域支援推進員

地域包括支援センターの職員、介護支援専門員に加えて、新たに生活支援コーディネーター（地域支え合い推進員）及び認知症地域支援推進員が配置されます（※時期は保険者により異なります）。

3 仕組み

(1) 在宅医療・介護連携の仕組み
(2) 在宅で看護・介護が24時間365日提供できる仕組み
(3) ADL・IADLの維持向上に留まらず、意欲や社会参加等尊厳を保持する仕組み
　　→　地域リハビリテーション活動支援事業が、地域支援事業で新たに創設
(4) 住民参加による生活支援サービス等供給の仕組み
(5) 住まいの確保の仕組み　等

3　地域共生社会

1　地域共生社会

「地域共生社会」とは、制度ごとに所管が分かれ縦割りになりがちな行政サービスや、支援の「支え手」「受け手」という関係を超えて、地域住民や地域の多様な主体が「我が事」として参画し、人と人、人と資源が世代や分野を超えて「丸ごと」つながることで、住民一人ひとりの暮らしと生きがい、地域をともに創っていく社会のことをいいます。

地域共生社会の実現に向けた当面の改革工程は、厚生労働省「我が事・丸ごと地域共生社会実現本部」において、平成29年2月7日に決定され、改革の骨格として、「地域課題の解決力の強化」、「地域を基盤とする包括的支援の強化」、「地域まるごとのつながりの強化」、「専門人材の機能強化・最大活用」等があげられました。

【図11】のとおり、地域共生社会の実現に向けた取組の推進では、「『我が事・丸ごと』の地域づくり・包括的な支援体制の整備」として、地域福祉推進の理念を規定し、その理念を実現するため、市町村が包括的な支援体制づくりに努める旨を規定、市町村及び都道府県が策定する地域福祉（支援）計画の充実を図ります。また、「新たに共生型サービスを位置付け」ることとし、高齢者と障害児者が同一の事業所でサービスを受けやすくするため、介護保険と障害福祉両方の制度に新たに「共生型サービス」が位置付けられました。今回の改正において対象とされたサービスは、ホームヘルプサービ

ス、デイサービス、ショートステイです。

【図11】

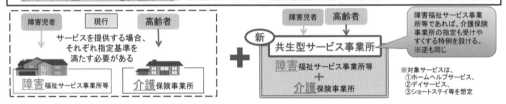

(厚生労働省資料より)

4 保険者機能の強化、地域包括支援センターの機能強化

1 保険者機能の強化

　高齢化が進展する中では、地域包括ケアシステムを推し進めながら、同時に介護保険制度の持続可能性を維持しなければなりません。そのために保険者は、わがまちの課題を分析し、現在だけでなく将来も見据えた対応策を講じることで、その地域に暮らす高齢者が望む自立した生活を支援することができます。このような役割を更に推進していくことが保険者に求められています。

　今回の改正では、全市町村が保険者機能を発揮して、自立支援・重度化防止に取り組むよう以下の①～③について法律により制度化されました。

① データに基づく課題分析と対応（取組内容・目標の介護保険事業（支援）計画への記載）
② 適切な指標による実績評価
③ インセンティブの付与

【図12】「高齢者の自立支援、重度化防止等に関する取組を推進するための新たな交付金」（平成30年度における保険者機能強化推進交付金（市町村分））は、国から示された評価指標である「平成30年度保険者機能強化推進交付金（市町村分）に係る評価指標」に基づいて市町村がチェックし、国に報告する仕組みになっています。指標は、下記のⅠ～Ⅲの柱建てがあり、中には地域包括支援センターや介護支援専門員に関することも含まれています。（介護保険最新情報　Vol.622　平成30年2月28日）

　　Ⅰ　PDCAサイクルの活用による保険者機能の強化に向けた体制等の構築
　　Ⅱ　自立支援、重度化防止等に資する施策の推進
　　Ⅲ　介護保険運営の安定化に資する施策の推進

【図12】

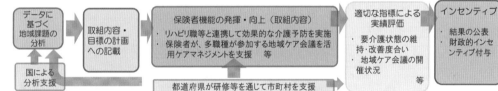

（厚生労働省資料より）

2　地域包括支援センターの機能強化

(1)　ケアマネジメント支援

　保険者機能の強化で示した【図12】の、「保険者機能の発揮・向上（取組内容）」には
・　リハビリ職等と連携して効果的な介護予防を実施

・ 保険者が、多職種が参加する地域ケア会議を活用し、ケアマネジメントを支援

等があります。

　特にケアマネジメント支援（研修の実施など集団指導、個別指導など）は、保険者とともに地域包括支援センターも担う役割の一つとなります。

　ケアマネジメントが、生活を継続するために利用者の課題を解決する手法であるのに対し、ケアマネジメント支援とは、個々のケアマネジメントが適切に機能するよう地域全体を見渡し、連携、環境整備等含めて面的に支援することです。

　従来、地域包括支援センターが行ってきた個々のケアマネジャーや、個別のケースへの直接的支援だけでなく、ケアマネジメント支援は、事業者や市民などの『地域を対象』として介護予防・自立支援への認識理解を深めていきます。そのような地域地域を対象とした活動を重ねることで、地域でのケアマネジメントに対する理解を推し進め、個々の介護支援専門員がより専門性を発揮できる土壌を整備し、介護支援専門員の実践力を高めるという考え方です。

【図13】ケアマネジメント支援の全体像

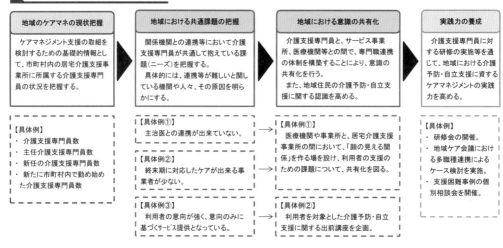

（厚生労働省資料より）

(2) 地域包括支援センターの機能強化（市町村による評価の義務づけ等）

　法改正により地域包括支援センターと市町村に評価に関する義務付けがなされました。
○地域包括支援センターに、事業の自己評価と、質の向上を図ることを義務付ける。

○市町村に、地域包括支援センターの事業の実施状況の評価を義務付ける。

評価を行う目的は、
○評価を通じて、その地域包括支援センターに必要な人員体制を明らかにし、その市町村での適切な人員体制の確保を促すこと
○各地域における保険者と地域包括支援センターの連携や業務実施の状況を点検し、保険者と地域包括支援センターの業務改善につなげることで、各地域の地域包括支援センターの機能向上に活かすこと
○保険者が、評価項目を活用し、地域包括支援センターの実際の業務にあったセンター事業の点検・評価を行うことで、地域の実情に対応した地域包括支援センターの機能強化に活かすること
等があげられます。

前回改正され、今後も継続して機能強化していく事柄は下記のとおりです。
■ 機能強化のために１
 １．在宅医療・介護連携支援に関する相談窓口の設置
  （平成30年４月には全ての区市町村に設置）
 ２．地域リハビリテーション活動支援事業（一般介護予防事業で実施）
 ３．認知症初期集中支援チームの設置
 ４．認知症地域支援推進員の配置
 ５．生活支援コーディネーター（地域支え合い推進員）の配置
 ６．地域ケア会議の開催（努力義務）
 ７．介護予防手帳の活用　等が示されています。

■ 機能強化のために２
　現在の地域包括支援センターと比較したとき、職員の配置及びその機能の強化の内容から、「新しい組織」ができると考えた方がわかりやすいかもしれません。また、その機能強化のためには、関係する職員・人材の確保とトレーニングが不可欠です。

【図14】

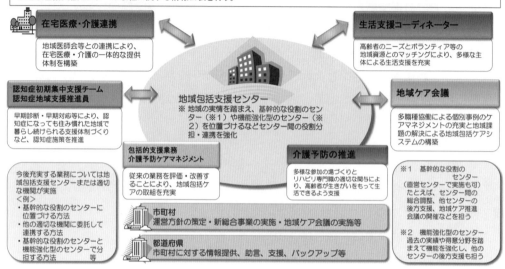

(厚生労働省資料より一部改)

(3) 在宅医療・介護の連携強化

　今回の制度改正では、病院からの入退院及びそれに伴う在宅医療や介護との円滑な連携の必要性が強調されています。そのために病院・診療所等からの入退院時の医療との連携や、老人保健施設の入退所時の連携の仕組みの構築が目指されます。

① 在宅医療・介護の連携
　・　仕組みづくり
　・　在宅医療・介護連携支援に関する相談窓口の充実

第1部 本編
Ⅲ 地域包括ケアシステムの構築

【図15】

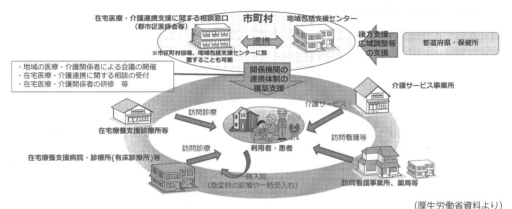

（厚生労働省資料より）

② 入退院時の連携

　今後更に、入退院時の仕組みの構築のための様々な取組の試行が必要となります。また、地域包括支援センターとの具体的連携についても行う必要があります。

> **Column**
>
> **在宅医療・介護連携の実際の方法・事例（K区の事例）**
>
> 　全ての圏域の地域包括支援センターに非常勤の医師を配置し、ケアマネジャー等からの相談に応じている。そこから適宜医療機関と連携をとるとともに、医師と居宅介護支援事業所との間の「連携シート」を作成し、在宅の患者についての必要な情報交流を図っている。また、医療機関の一覧名簿を作成し、医療機関の情報を掲載している。

(4) 生活支援コーディネーター（地域支え合い推進員）の配置

　生活支援コーディネーター（地域支え合い推進員）（以下「コーディネーター」という。）は、今回の介護保険制度改正での要支援者の一部サービスが地域支援事業に移行されることからも、その受け皿となるサービス（社会資源）の開発や、利用者とのマッチング等の役割を期待されています。このため、コーディネーターの果たす役割はとても大きいといえます。業務内容は、一種の「コミュニティソーシャルワーク」といえる

内容で、その業務については、次のとおりです。実際には市町村の特性に応じた工夫が必要です。

（業務内容）

> 地域の社会資源の開発と、高齢者のニーズとボランティア等の地域資源とのマッチングにより、多様な主体による生活支援等充実を図る。

　これらの取組を効率的・効果的に行う必要があります。地域包括支援センターの再編成が必要との認識で人員配置・予算措置をしないと対応は難しいでしょう。

○　コーディネート機能は、地域における以下の取組を総合的に支援・推進し、概ね以下の３層（第１層・第２層・第３層）で展開されます。
　生活支援体制整備事業は第１層・第２層の機能を充実し、体制整備を推進していくことが重要です。

1．地域のニーズと資源の状況の見える化、問題提起
2．地縁組織等多様な主体への協力依頼などの働きかけ
3．関係者のネットワーク化
4．目指す地域の姿・方針の共有、意識の統一
5．生活支援の担い手の養成やサービスの開発
　（担い手を養成し、組織化し、担い手を支援活動につなげる機能）
6．ニーズとサービスのマッチング

・第１層　市町村区域で上記1.～5.を中心に行う機能
・第２層　日常生活圏域（中学校区域等）で、第１層の機能の下、上記1.～6.を行う機能
・第３層　個々の生活支援等サービスの事業主体で、利用者と提供者をマッチングする機能

コーディネーターの設置目的	区市町村が定める活動区域ごとに、関係者のネットワークや既存の取組・組織等も活用しながら、上記のコーディネート業務を実施することにより、地域における生活支援・介護予防サービスの提供体制の整備に向けた取組を推進することを目的とする。
コーディネーターの役割等	・生活支援の担い手の養成、サービスの開発（第１層、第２層） ・関係者のネットワーク化（第１層、第２層） ・ニーズとサービスのマッチング（第２層）
コーディネーターの配置	地域包括支援センターとの連携を前提とした上で、配置先や区市町村ごとの配置人数等は限定せず、地域の実情に応じた多様な配置を可能とする。

コーディネーターの資格・要件	地域における助け合いや生活支援サービスの提供実績のある者、または中間支援を行う団体等であって、地域でコーディネート機能を適切に担うことができる者。 ※ 特定の資格要件は定めない。市民活動への理解があり、多様な理念をもつ地域のサービス提供主体と連絡調整できる立場の者であって、国や都道府県が実施する研修を修了した者が望ましい。 ※ コーディネーターが属する組織の活動の枠組みを超えた視点、地域の公益的活動の視点、公平中立な視点を有することが適当。
費用負担	人件費、委託費、活動費用については、地域支援事業(包括的支援事業)が活用可能。

【図16】

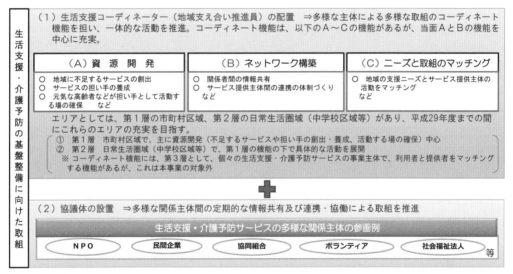

(厚生労働省資料より)

(5) 協議体の目的・役割等

① 協議体とは

　区市町村が主体となり、各地域における生活支援コーディネーターと生活支援・介護予防サービスの提供主体等が参画し、定期的な情報共有及び連携強化の場として、中核となるネットワークを「協議体」といいます。

② 協議体の設置目的

　生活支援・介護予防サービスの体制整備に向けて、多様なサービス提供主体の参画が求められることから、区市町村が主体となって、「定期的な情報の共有・連携強化

の場」として設置することにより、多様な主体間の情報共有及び連携・協働による資源開発等を推進することを目的としています。

③ 協議体の役割等

コーディネーターの組織的な補完
地域ニーズの把握（アンケート調査やマッピング等の実施）
情報の見える化の推進
企画、立案、方針策定を行う場
地域づくりにおける意識の統一を図る場
情報交換の場
働きかけの場

（例） ・地域の課題についての問題提起 ・課題に対する取組の具体的協力依頼 ・他団体の参加依頼 　（A団体単独では不可能なこともB団体が協力することで可能になることもある）

④ 協議体の設置主体

　区市町村と第１層のコーディネーターが協力して地域の関係者のネットワーク化を図り、協議体を設置します。

　※　地域の実情に応じた様々なネットワーク化の手法が考えられるため、既に類似の目的を持ったネットワーク会議等が開催されている場合は、その枠組みを活用することも可能。協議体については、区市町村に置かないことも考えられ、地域の実情に応じた形で実施可能。

　※　特定の事業者の活動の枠組みを超えた協議が行われることが重要であり、例えば、当面は、区市町村が中心となって協議の場を設けるなどし、関係者間の情報共有を目的とした緩やかな連携の場を設置することも一つの方法。

⑤ 協議体の構成団体等

行政機関（区市町村、地域包括支援センター等）
コーディネーター
地域の関係者（ＮＰＯ、社会福祉法人、社会福祉協議会、地縁組織、協同組合、民間企業、ボランティア団体、介護サービス事業者、シルバー人材センター等）

　※　この他にも地域の実情に応じて適宜参画者を募ることが望ましい。

⑥ 費用負担

　人件費、委託費、活動費用については、地域支援事業（包括的支援事業）が活用可能となります。

【図17】

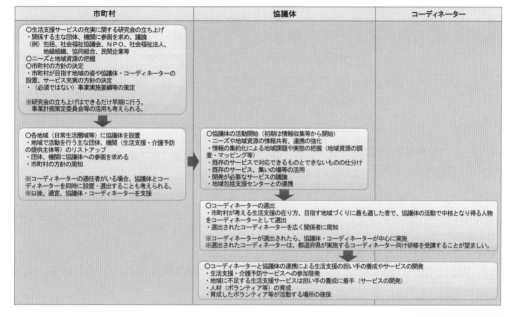

(厚生労働省資料より)

(6) 地域支援事業の連動を意識する

　地域支援事業には、平成26年度改正にもさまざまな事業や役割が創設されましたが、それらがバラバラに動いていては、本来の目的を実現することは難しいでしょう。

　高齢者施策における地域包括ケアシステムの目的は、"住み慣れた地域で自分らしい暮らしを人生の最後まで続けること"です。

　ともすれば地域支援事業を行うこと自体が目的になりがちですが、あくまで目的を実現するためのツールの一つです。

　「住民が参画し」、「多職種が連携して支援できること」が重要です。この目的意識を参加者全員で共有し、それぞれの事業、関係者の活動の関連を活かすための「場」としての地域ケア会議や協議体を上手に活用し、住民と事業者及び行政等が協働して、地域社会をデザインすることが求められています。

【図18】地域支援事業の連動を意識する（イメージ）

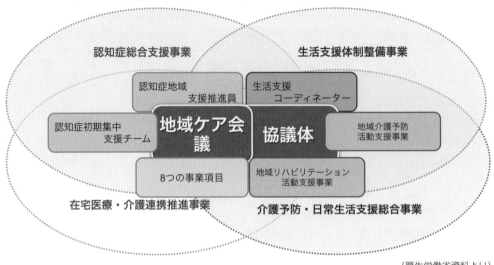

（厚生労働省資料より）

(7) 認知症地域支援推進員について

　以下のように示されています（全国介護保険担当課長会議資料についてのＱ＆Ａ【平成26年10月22日版】より）。

> 　認知症初期集中支援チームのチーム員及び認知症地域支援推進員については、人材確保の観点から、弾力的な配置が可能となるよう、専従や常勤などの要件は設けず、業務に支障がない範囲で兼務も可能とする予定である。
> 　また、地域包括支援センター業務との兼務については、既存の職員が兼務をすることを否定するものではないが、地域包括支援センター職員の業務量等の現状を踏まえれば、新たに配置していただくことを想定している。

① 認知症総合支援事業

　その事業内容は以下のように示されています（全国介護保険担当課長会議資料についてのＱ＆Ａ【平成26年10月22日版】より）。

> 　認知症総合支援事業については、現在の地域支援事業（任意事業）で実施している
> 　１．認知症初期集中支援推進事業
> 　２．認知症地域支援推進員等配置事業
> 　３．認知症ケア向上推進事業
> と同内容のものとする方向で、現在、実施要綱を作成中であるが、事業実施の要件としては、平成30年４月には、原則として、認知症初期集中支援チーム及び認知症地域支援推進員を全ての市町村で配置していただく必要があると考えている。
> 　なお、平成30年４月までは、認知症初期集中支援チームと認知症地域支援推進員のいずれかを配置している場合も、認知症総合支援事業を実施している解釈とする。

② 認知症初期集中支援推進事業

認知症初期集中支援推進事業（※）を実施するために、定められた要件を満たす医師の確保については、日本老年精神医学会若しくは日本認知症学会の定める専門医又は認知症疾患の鑑別診断等の専門医療を主たる業務とした5年以上の臨床経験を有する医師のいずれかに該当し、かつ、認知症サポート医である医師が初期集中支援チームのチーム員として、他のチーム員をバックアップし、認知症に関して専門的見識から指導・助言等を行い、必要に応じて他のチーム員とともに訪問し相談に応需することとされています。

また、要件を満たす医師を区市町村内で確保できない場合には、他市町村の医師に協力を求めることとなります。他市町村の医師であっても、上記のようなチーム員たる医師としての役割を適切に実施できるよう、チーム員会議の日程調整における医師への配慮や会議の効率化を図る等の工夫が考えられます。

※認知症初期集中支援推進事業とは：
認知症の疑いがあるが専門医の受診が困難な40歳以上の人を対象に、認知症疾患医療センターや認知症サポート医と連携し、約半年間、支援チームが訪問し、適切な医療や介護サービスを利用できるよう支援する事業。相談窓口は、地域包括支援センター。

(8) 住民参加のまちづくり・共生社会の構築に向けて

住民主体のサービスの創出・まちづくりが課題です。要支援者への訪問型・通所型サービスの提供、地域の住民度同士の支え合いの地域（まち）づくりが2025年に向けた大きな課題です。平成30年4月から新総合事業が全市町村で実施されていますが、住民主体のサロンや見守り、ゴミ出し等の支え合い活動は、地域により大きな差があります。地域支援事業の中の介護予防・日常生活支援総合事業をどう機能させていくか、行政の課題でもあり、住民自身の問題にもなってきています。

新しい地域の仕組みづくりに向けて、住民団体・民間事業者やNPO等ととも行政の役割及び具体的活動が問われています。（図19）。

【図19】

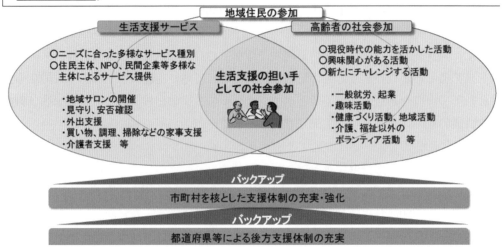

(厚生労働省資料より)

■ 住民による生活支援サービスづくりは、新しいまちづくり

　高齢者等の社会参加は、住民主体によるまちづくりとも言えるものです。同時に、【図19】の右側にあるように

① 高齢者の社会参加の一環として行われることで、社会参加や役割意識を醸成し、高齢者の介護予防や生きがいづくりに寄与できる。

② 要支援者が一緒に活動することにより、「サービスを提供する者・受ける者」の垣根を取り払い、ともに行う地域活動として、まちづくりに参画する、という新しい人間関係・絆づくりの可能性についても想定されます。

　これらの体制をいかに作り出すかは、非常に重要なポイントになると思われます。その業務の担い手として「生活支援コーディネーター」が期待されています。

　具体的なサービスのイメージとしては、【図20】にあるように、家事援助、交流サロン、コミュニティカフェ、配食・見守り等があります。【図20】はあくまでも例示であり、地域性に配慮し、必要なサービスの創出・開発等により、地域に受け皿となる社会資源の開発とともに、新しいまちづくりが期待されているとも言えます。

【図20】多様な主体による生活支援・介護予防サービスの重層的な提供

○高齢者の在宅生活を支えるため、ボランティア、NPO、民間企業、社会福祉法人、協同組合等の多様な事業主体による重層的な生活支援・介護予防サービスの提供体制の構築を支援

・介護支援ボランティアポイント等を組み込んだ地域の自助・互助の好取組を全国展開
・「生活支援コーディネーター（地域支え合い推進員）」の配置や協議体の設置などに対する支援

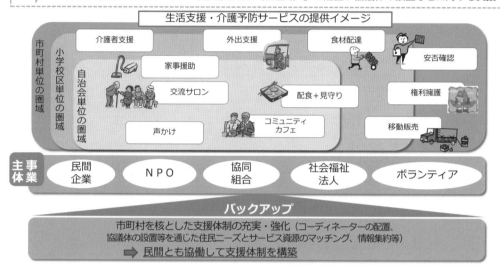

（厚生労働省資料より）

(9) 地域ケア会議の推進（努力義務/平成27年度～）

下記の狙いにより、地域ケア会議が多くの市町村で実施されていますが、そこでの課題として、事例検討された内容の他のケアマネプランへの反映及び取組全体の底上げのための仕掛けづくり、自立支援・重度化予防等のために把握された地域課題の解決のための市町村の施策への反映についての取組が、市町村により格差が生じているようです。

■ 地域ケア会議の狙い

① 具体的なケース事例の検討を通じたより良いケアプランの実現
  ・介護保険サービスだけでなく、多様なサービスを検討し、プランに位置づけ等
② ケース検討を通じた参加者へのOJT機能
  ・保険者の視点、地域包括支援センターの視点、事業者の視点の意識化
  ・リハビリテーションの視点（平成30年度以降は特に重要）の意識化
③ ①と②を通じて在宅生活に不足するサービス・仕組みの発見と対応策の検討
④ 政策・事業計画への反映
⑤ 新しい総合事業（地域支援事業）の充実
⑥ 関係者のネットワークの構築

【図21】

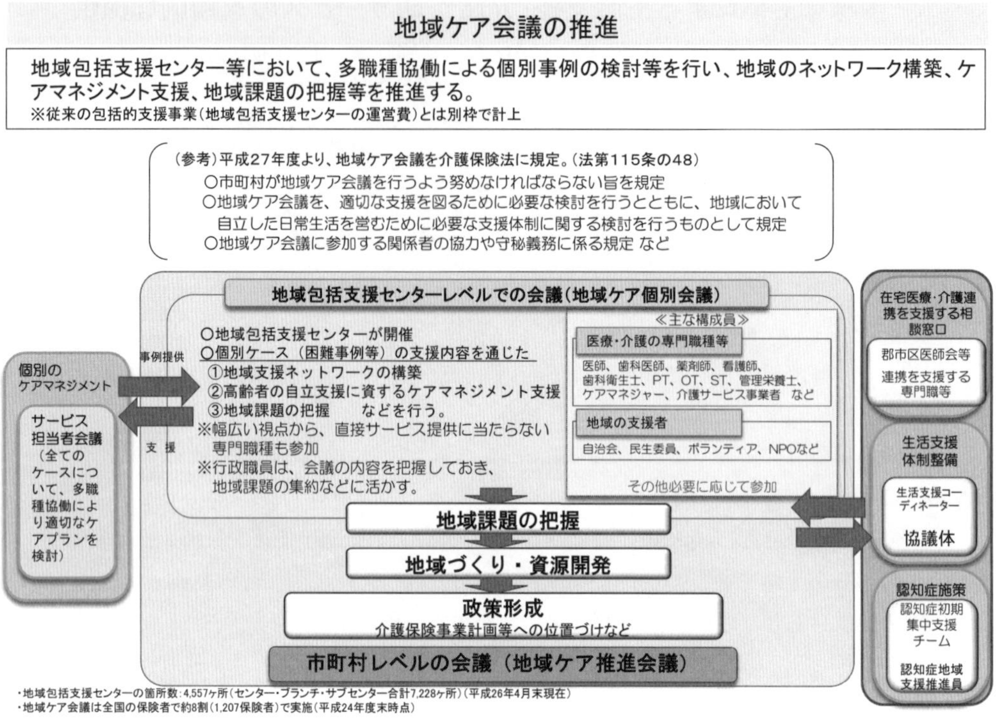
地域ケア会議の推進
地域包括支援センター等において、多職種協働による個別事例の検討等を行い、地域のネットワーク構築、ケアマネジメント支援、地域課題の把握等を推進する。
※従来の包括的支援事業（地域包括支援センターの運営費）とは別枠で計上
（参考）平成27年度より、地域ケア会議を介護保険法に規定。（法第115条の48）
○市町村が地域ケア会議を行うよう努めなければならない旨を規定
○地域ケア会議を、適切な支援を図るために必要な検討を行うとともに、地域において自立した日常生活を営むために必要な支援体制に関する検討を行うものとして規定
○地域ケア会議に参加する関係者の協力や守秘義務に係る規定 など
地域包括支援センターレベルでの会議（地域ケア個別会議）
○地域包括支援センターが開催
○個別ケース（困難事例等）の支援内容を通じた
①地域支援ネットワークの構築
②高齢者の自立支援に資するケアマネジメント支援
③地域課題の把握 などを行う。
※幅広い視点から、直接サービス提供に当たらない専門職種も参加
※行政職員は、会議の内容を把握しておき、地域課題の集約などに活かす。
≪主な構成員≫
医療・介護の専門職種等
医師、歯科医師、薬剤師、看護師、歯科衛生士、PT、OT、ST、管理栄養士、ケアマネジャー、介護サービス事業者 など
地域の支援者
自治会、民生委員、ボランティア、NPOなど
その他必要に応じて参加
個別のケアマネジメント
サービス担当者会議（全てのケースについて、多職種協働により適切なケアプランを検討）
事例提供
支援
地域課題の把握
地域づくり・資源開発
政策形成
介護保険事業計画等への位置づけなど
市町村レベルの会議（地域ケア推進会議）
在宅医療・介護連携を支援する相談窓口
郡市区医師会等
連携を支援する専門職等
生活支援体制整備
生活支援コーディネーター
協議体
認知症施策
認知症初期集中支援チーム
認知症地域支援推進員
・地域包括支援センターの箇所数：4,557ヶ所（センター・ブランチ・サブセンター合計7,228ヶ所）（平成26年4月末現在）
・地域ケア会議は全国の保険者で約8割（1,207保険者）で実施（平成24年度末時点）

（厚生労働省資料より）

Column

ケアマネジャー研修としても、地域ケア会議を活用する。

ケアマネジャー研修として活用するため、1年間で全ケアマネジャーが参加できるよう地域ケア会議の制度を設計。内容は、利用者の実態の把握 → 介護保険以外の社会資源の活用 → 多様な考え方等独自の様式等を作り実施。集団指導や実地指導等と絡ませ、「育成」の役割も期待できる。

⑽ 地域リハビリテーション活動支援事業

本事業創設の趣旨は「地域における介護予防の取組の強化」であり、様々な場面で「リハビリテーション」の観点から支援するというものです。

リハビリテーション専門職等とは、理学療法士、作業療法士、言語聴覚士が想定されています。「等」には看護師等が含まれるようですが、きめ細かな地域での活動を行うためには、可能な限り多様な人材の活用も期待されるところです。

なお、この事業では利用者個人への対応は想定されていません。

【図22】地域リハビリテーション活動支援事業の概要

○ 地域における介護予防の取組を機能強化するために、通所、訪問、地域ケア会議、サービス担当者会議、住民主体の通いの場等へのリハビリテーション専門職等の関与を促進する。

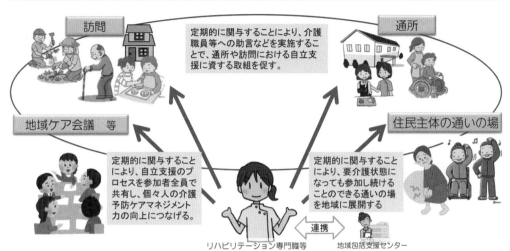

リハビリテーション専門職等は、通所、訪問、地域ケア会議、サービス担当者会議、住民主体の通いの場等の介護予防の取組を地域包括支援センターと連携しながら総合的に支援する。

(厚生労働省資料より)

また、リハビリテーションの実施に当たっては、ADLやIADLの改善維持に留まらず、社会参加や役割意識の醸成を含む「生きがい・元気づくり」が強く期待されています。

◇ 高齢者の地域におけるリハビリテーションの新たな在り方

1　高齢者の地域におけるリハビリテーションの課題
　①個別性を重視した適時・適切なリハビリテーションの実施
　②「活動」や「参加」などの生活機能全般を向上させるためのバランスのとれたリハビリテーションの実施
　③居宅サービスの効果的・効率的な連携
　④高齢者の気概や意欲を引き出す取組

2　生活期のリハビリテーションの具体的な提案
【提案1】質の高いリハビリテーション実現のためのマネジメントの徹底（生活期リハビリテーションマネジメントの再構築）
【提案2】リハビリテーション機能の特性を活かしたプログラムの充実（生活機能に焦点を当てた取組の強化）

(「高齢者の地域における新たなリハビリテーションの在り方検討会　報告書　平成27年3月」より)

○ 高齢者リハビリテーションのイメージとして、次の3段階が示されています。
これらを自覚的に行うことで、高齢者の自立の支援・尊厳の保持につなげようとするものです。

【図23】高齢者リハビリテーションのイメージ

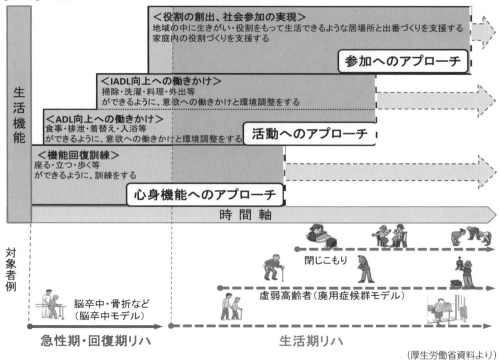

(厚生労働省資料より)

　高齢者の自立、尊厳の維持のイメージとしては、3つの領域が相対的にバランス良く保たれ、高齢者がどのような状態になっても、社会との関わりや生きる力を保ち、暮らし続けることができることではないでしょうか。

5　高齢者の居住の場の確保～施設から在宅へ～

　在宅での生活の継続のためには、住まいの確保は重要なことです。その一つとしてサービス付き高齢者向け住宅があります。
　また、そのほかに以下のようなものがあります。
・　居宅系サービスとしてのグループホームや小規模多機能型居宅介護
・　有料老人ホーム、ケアハウス（軽費老人ホーム）、養護老人ホーム等の特定施設
・　シェアハウス　等

　そのうちのサービス付き高齢者向け住宅の概要は、以下のとおりです。

① 設備基準
- 原則25㎡以上（トイレ、風呂を含む）
- 一部共用スペースの場合　18㎡以上

② サービス
- 見守り・相談は必須
- 食事の提供は任意
- 介護保険サービスは外付け

また、次の取扱いが求められています。

◆ 高齢者の居住の安定の確保に関する基本的な方針（以下「基本方針」という。）（抄）（平成21年厚生労働省・国土交通省告示第1号）

> 1．「基本方針」においては、住宅政策と福祉政策が連携して、高齢者居宅生活支援サービスが適切に提供される高齢者向け住まいを確保する必要があるとされている。
> 2．特に外部サービスの利用については、他者による介護サービス等の利用を妨げないこと、賃貸条件を不当なものとしないことなど、住宅事業者と介護事業者が不適切に結びつかないよう求めている。
> 3．また、医療・介護サービスが適切に提供されるよう、事業者に対し、賃貸契約と医療・介護サービス契約の区分け、契約内容等に係る正確な情報の開示、書面による説明等を求めている。

＊サービス付き高齢者向け住宅の入居者については、資料編P166（参考3）参照

Ⅳ サービスの改正（鳥瞰図）

（平成30年4月1日現在）

平成30年度介護保険サービス鳥瞰図

		地域密着型サービス	介護給付
介護給付		①定期巡回・随時対応型訪問介護看護 ②夜間対応型訪問介護 ③地域密着型通所介護 ④認知症対応型通所介護 ⑤小規模多機能型居宅介護 ⑥認知症対応型共同生活介護 ⑦地域密着型特定施設入居者生活介護 ⑧地域密着型介護老人福祉施設入所者生活介護 ⑨複合型サービス ◇共生型地域密着型通所介護 新	（居宅サービス） ①訪問介護 ②訪問入浴介護 ③訪問看護 ④訪問リハビリテーション ⑤居宅療養管理指導 ⑥通所介護 ⑦通所リハビリテーション ⑧短期入所生活介護 ⑨短期入所療養介護 ⑩特定施設入居者生活介護 ⑪福祉用具貸与及び特定福祉用具販売 ◇共生型訪問介護 新 ◇共生型通所介護 新 ◇共生型短期入所生活介護 新 ＊住宅改修費 居宅介護支援 （介護保険施設） ⑫指定介護老人福祉施設 ⑬介護老人保健施設 ⑭介護医療院
予防給付		①介護予防認知症対応型通所介護 ②介護予防小規模多機能型居宅介護 ③介護予防認知症対応型共同生活介護	（介護予防サービス） ①介護予防訪問入浴介護 ②介護予防訪問看護 ③介護予防訪問リハビリテーション ④介護予防居宅療養管理指導 ⑤介護予防通所リハビリテーション ⑥介護予防短期入所生活介護 ⑦介護予防短期入所療養介護 ⑧介護予防特定施設入居者生活介護 ⑨介護予防福祉用具貸与及び特定福祉用具販売 ＊介護予防住宅改修費 介護予防居宅介護支援 ◇介護予防共生型短期入所生活介護 新
市町村事業	総合事業※	【基準該当サービス／市町村が条例により実施】 1　訪問型サービス　①相当サービス　②訪問型A　③訪問型B　④訪問型C　⑤訪問型D 2　通所型サービス　①相当サービス　②通所型A　③通所型B　④通所型C 3　その他のサービス　例　栄養改善のための配食、住民による見守り支援 　　　　　　　　　介護予防居宅介護支援（A・B・Cのタイプ）	

※　上記総合事業の対象は要支援者
注　共生型サービスは、障害者総合支援法指定事業所（障害者等）との相互乗入れ
注　別途、既存の介護療養型医療施設は、平成36年まで有効期間延長

1　特別養護老人ホームの入所対象者の変更（重点化）

　特別養護老人ホームの利用については、平成27年の改正で要介護1・2を入所の対象から外し、中重度者に特化した施設としての運用に切り替わりました。ただし、在宅での生活が困難な要介護3未満の要介護者については、例外規定を設けるとし、その例外の考え方については次のとおり指針が示されています。

○　原則要介護3以上の者
　　・現在入所中の要介護2以下の者について、経過措置が有り、退所の必要はない
　【例外】要件（勘案事項）（「指定介護老人福祉施設等の入所に関する指針について」
　　　平成26年12月12日厚生労働省老健局高齢者支援課長通知）
○　特例入所の要件に該当することの判定に際しては、居宅において日常生活を営むことが困難なことについてやむを得ない事由があることに関し、以下の事情を考慮すること
　①　認知症である者であって、日常生活に支障を来すような症状・行動や意思疎通の困難さが頻繁に見られること
　②　知的障害・精神障害等を伴い、日常生活に支障を来すような症状・行動や意思疎通の困難さ等が頻繁に見られること
　③　家族等による深刻な虐待が疑われること等により、心身の安全・安心の確保が困難であること
　④　単身世帯である、同居家族が高齢又は病弱である等により家族等による支援が期待できず、かつ、地域での介護サービスや生活支援の供給が不十分であること
○　入所にむけた手続き
　　要介護1・2の利用申込者
　①　施設において、やむを得ない事由を聞く。
　　　　⇩
　②　区市町村に報告するとともに、該当するか否かの判断に当たって適宜意見を求める。
　　　　⇩
　③　区市町村は、地域の居宅サービスなどの提供体制や生活の困難度等を勘案した上、施設に対して適宜意見を表明する。
　　　　⇩
　④　以上を受けて施設に「入所判定委員会」を設置し、合議により決定する。
　　＊　委員会メンバーは、施設長、生活相談員、介護職員、看護職員、介護支援専門員等の関係職員で構成
　　＊　入所の必要性の高さを判断するに当たっては、施設は、改めて保険者である区市町村に意見を求めることが望ましい。

○ 施設は、合議の結果を記録し、これを2年間保存する。
○ 都道府県、区市町村から求めがあったときは、記録を提出する。

2　予防給付の再編

予防給付の再編は平成27年度の地域支援事業の改正により行われ、介護予防・日常生活支援総合事業（新しい総合事業）として大きく変わりました（見え消し、下線は改正点）。

1　介護予防サービスの変更

（改正前の介護予防給付）	（改正事項）
~~①介護予防訪問介護~~	
②介護予防訪問看護	
③介護予防訪問入浴介護	平成27年度から<u>介護予防・日常生活</u>
④介護予防訪問リハビリテーション	<u>支援総合事業へ</u>（※P45〜参照）
~~⑤介護予防通所介護~~	
⑥介護予防通所リハビリテーション	
⑦介護予防居宅療養管理指導	
（地域密着型サービス）	
①介護予防認知症対応型通所介護	
②介護予防小規模多機能型居宅介護	→ <u>登録定員が25人から29人へ</u>
③介護予防認知症対応型共同生活介護（認知症グループホーム）	
（新　規）	→ <u>地域密着型通所介護（平成28年4月）</u>

2　予防給付の見直しと生活支援サービス

上記のように、訪問介護と通所介護の予防給付を見直し、住民等の支え合いの促進等により、費用の効率化を図っています。全国平均で約28％の高齢者等が要支援であり、その約8割程度が利用している訪問介護・通所介護を予防給付から外し、地域支援事業での実施に取り組んでいます。地域の住民等の主体的取組をどう作り出せるかが、鍵になります。

その内容は次のとおりです。

◇　予防給付のうち訪問介護・通所介護について、区市町村が地域の実情に応じた取組ができる介護保険制度の地域支援事業へ平成30年4月から全面的に移行
・既存の介護事業所による既存のサービスに加えて、民間企業、ボランティアなど地域の多様な主体を活用して高齢者を支援します。その際、高齢者はサービスの受け手だけではなく、担い手に回ることもあり得るようになります。

また、住民主体のサービスの構築の中で、注目すべき視点が提起されています。先にも述べましたが、「交流する側とされる側という画一的な関係ではなく、サービスを利用しながらサービスの担い手にもなり、それらにより地域とのつながりを持続できる。」という考え方です。高齢者が地域の一員として、地域との交流等を継続しながら、また役割をもって暮らすためには、このような視点は重要と思われます。

　そのコーディネートを期待されているのが、生活支援コーディネーターとなりますが、地域差があり、区市町村の取組の差等もあり、必ずしも全国どこでもそのような仕組みが十分立ち上がるとは限りません。

　社会福祉法人の在り方の検討の中で、社会福祉法人の公益性等の観点からの「地域貢献」の取組を求める考え方があり、「地域貢献の義務化」の方向で整理されました。この問題への社会福祉法人の積極的関与が期待されます。

　介護予防給付の見直しは、様々な影響を多方面に与えます。もちろん、その中にあって一番その影響を受けるのは、利用者本人やその家族といえます。

　高齢者の自立、尊厳のある暮らしとは何か、具体的な内容について、考える時期になったようです。

【図24】

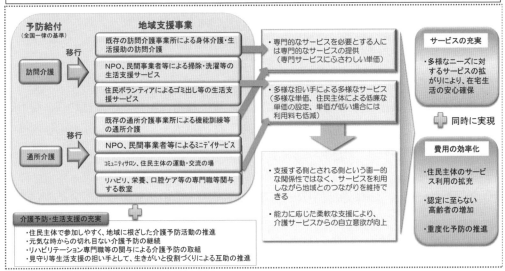

（厚生労働省資料より）

3　介護予防・日常生活支援総合事業（新しい総合事業）の構成

新しい総合事業の全体図は、【図25】のとおりです。新しい総合事業は、「介護予防・生活支援サービス事業」と「一般介護予防事業」の２つに分かれます。

【図25】新しい総合事業の全体図

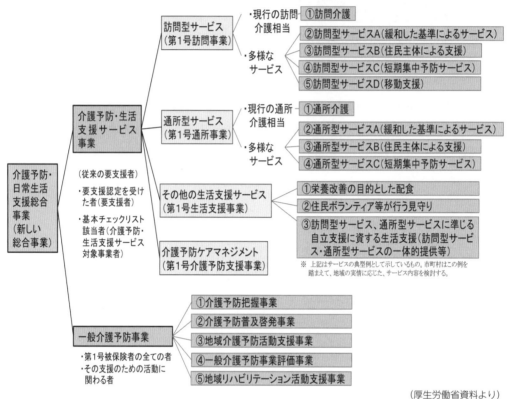

（厚生労働省資料より）

介護予防・生活支援サービス事業の対象者は、要支援者に相当する者とされ、利用に当たっては、要支援認定を受けるか、簡易版としての基本チェックリストにより該当すると判定された者のみが利用できます。

当該事業は
①訪問型サービス　　②通所型サービス　　③その他の生活支援サービス
④介護予防ケアマネジメント
の４つに区分されます。

一般介護予防事業は
①介護予防把握事業　　②介護予防普及啓発事業　　③地域介護予防活動支援事業
　④一般介護予防事業評価事業　　⑤地域リハビリテーション活動支援事業
に区分され、対象は第１号被保険者等とされています。

4 サービスの類型

(1) 訪問型サービス

区市町村はこの例を踏まえて、地域の実情に応じたサービス内容を検討します。

> ○ 訪問型サービスは、現行の訪問介護に相当するものと、それ以外の多様なサービスからなる。
> ○ 多様なサービスについては、雇用労働者が行う緩和した基準によるサービスと、住民主体による支援、保健・医療の専門職が短期集中で行うサービス、移動支援を想定。

基準	現行の訪問介護相当	多様なサービス			
サービス種別	①訪問介護	②訪問型サービスA（緩和した基準によるサービス）	③訪問型サービスB（住民主体による支援）	④訪問型サービスC（短期集中予防サービス）	⑤訪問型サービスD（移動支援）
サービス内容	訪問介護員による身体介護、生活援助	生活援助等	住民主体の自主活動として行う生活援助等	保健師等による居宅での相談指導等	移送前後の生活支援
対象者とサービス提供の考え方	○既にサービスを利用しているケースで、サービスの利用の継続が必要なケース ○以下のような訪問介護員によるサービスが必要なケース （例） ・認知機能の低下により日常生活に支障がある症状・行動を伴う者 ・退院直後で状態が変化しやすく、専門的サービスが特に必要な者等 ＊<u>状態等を踏まえながら、多様なサービスの利用を促進していくことが重要</u>		○状態等を踏まえながら、住民主体による支援等「多様なサービス」の利用を促進	・体力の改善に向けた支援が必要なケース ・ADL、IADLの改善に向けた支援が必要なケース ＊3～6か月の短期間で行う	<u>訪問型サービスBに準じる</u>
実施方法	事業者指定	事業者指定／委託	補助（助成）	直接実施／委託	
基準	予防給付の基準を基本	人員等を緩和した基準	個人情報の保護等の最低限の基準	内容に応じた独自の基準	
サービス提供者（例）	訪問介護員（訪問介護事業者）	主に雇用労働者	ボランティア主体	保健・医療の専門職（区市町村）	

（厚生労働省資料より）

(2) 通所型サービス

区市町村はこの例を踏まえて、地域の実情に応じたサービス内容を検討します。

○ 通所型サービスは、現行の通所介護に相当するものと、それ以外の多様なサービスからなる。
○ 多様なサービスについては、雇用労働者が行う緩和した基準によるサービスと、住民主体による支援、保健・医療の専門職により短期集中で行うサービスを想定。

基　準	現行の通所介護相当	多様なサービス		
サービス種別	①通所介護	②通所型サービスA（緩和した基準によるサービス）	③通所型サービスB（住民主体による支援）	④通所型サービスC（短期集中予防サービス）
サービス内容	通所介護と同様のサービス 生活機能の向上のための機能訓練	ミニデイサービス運動・レクリエーション　等	体操・運動等の活動など、自主的な通いの場	生活機能改善をするための運動器の機能向上や栄養改善等のプログラム
対象者とサービス提供の考え方	○既にサービスを利用しており、サービスの利用の継続が必要なケース ○「多様なサービス」の利用が難しいケース ○集中的に生活機能の向上のトレーニングを行うことで改善・維持が見込まれるケース ＊状態等を踏まえながら、多様なサービスの利用を促進していくことが重要	○状態等を踏まえながら、住民主体による支援等「多様なサービス」の利用を促進		・ADLやIADLの改善に向けた支援が必要なケース　等 ＊3～6か月の短期間で実施
実施方法	事業者指定	事業者指定／委託	補助（助成）	直接実施／委託
基準	予防給付の基準を基本	人員等を緩和した基準	個人情報の保護等の最低限の基準	内容に応じた独自の基準
サービス提供者（例）	通所介護事業者の従事者	主に雇用労働者＋ボランテイア	ボランティア主体	保健・医療の専門職（区市町村）

（厚生労働省資料より）

訪問型及び通所型サービスについて「多様なサービス」をどのように整理し、まちづくりにつなげるかが課題となります。保険者は取り組む力量が問われます。

(3) その他の生活支援サービス

> ○ その他の生活支援サービスは、①栄養改善を目的とした配食や、②住民ボランティア等が行う見守り、③訪問型サービス、通所型サービスに準じる自立支援に資する生活支援（訪問型サービス・通所型サービスの一体的提供）からなる。

3 サービス付き高齢者向け住宅への住所地特例の適用

サービス付き高齢者向け住宅の入居者については、これまで住所地特例の対象外でしたが、平成27年度から住所地特例の対象になりました。その考え方は以下のとおりです。

> ○ 介護保険施設においては、住所地の区市町村が保険者になるのが原則だが、介護保険施設等の所在する区市町村の財政に配慮するため、特例として、入所者は入所前の区市町村の被保険者となる仕組（住所地特例）を設けている。
> ○ 平成26年度まで、サービス付き高齢者向け住宅は有料老人ホームに該当しても特例の対象外だったが、所在区市町村の負担を考慮し、その他の有料老人ホームとの均衡を踏まえ、<u>有料老人ホームに該当するサービス付き高齢者向け住宅についても、住所地特例の対象</u>となった。
> ○ 従来の住所地特例では、対象者が住所地の区市町村が指定した地域密着型サービスを使えないという課題があったが、改正後は住所地特例対象者に限り、住所地区市町村の指定を受けた地域密着型サービスを使えるようになり、住所地区市町村の地域支援事業を利用できるようになった。

4 介護予防・日常生活支援総合事業〜ガイドラインの骨子〜

1 総合事業に関する総則的事項〜事業の目的と考え方〜

(1) 介護が必要になっても暮らし続けられる地域をつくる

平成37年（2025年）に向けて、単身高齢者世帯や高齢者夫婦のみ世帯、認知症高齢者の増加が予想されています。区市町村が中心となって、介護だけではなく、医療や予防、生活支援、住まいを一体的に提供する地域包括ケアシステムの構築が重要です。

(2) 法律上の位置づけ

介護予防・日常生活支援総合事業（以下「総合事業」という。）は、介護保険法（平成9年法律第123号。以下「法」という。）第115条の45第1項に規定されています。介護保険制度上の区市町村が行う地域支援事業の一つです。区市町村が中心となって、地域の実情に応じて、住民等の多様な主体が参画し、多様なサービスを充実することで、地域の支え合いの体制づくりを推進し、要支援者等に対する効果的かつ効率的な支援等を可能とすることを目指すものです。

(3) 全国一律の予防給付から総合事業への移行の主旨

　要支援者等は、ＩＡＤＬの一部の遂行は難しくなっていますが、ＡＤＬは自立している者が多い状態があります。支援する側とされる側という画一的な関係性ではなく、地域とのつながりを維持し、要支援者等の多様なニーズに応える柔軟な支援を受けて、自立意欲の向上につなげていくことが期待されています。総合事業は、要支援者自身の能力を最大限活かしつつ、介護予防訪問介護・介護予防通所介護と地域の実情に合わせた地域住民等が参画するような多様なサービスを総合的に提供可能な仕組みに見直されました。

（参考）

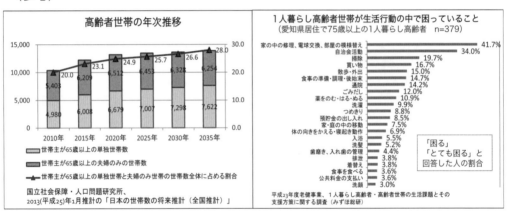

(厚生労働省資料より)

2　生活支援サービスの充実と高齢者の社会参加

(1) 多様な生活支援サービスの充実

　総合事業は介護予防訪問介護等だけではなく、住民主体の多様な生活支援・介護予防サービスを支援の対象としています。包括的支援事業の生活支援体制整備事業によってＮＰＯ、ボランティア、地縁組織、協同組合、民間企業、社会福祉法人、シルバー人材センター等による生活支援・介護予防サービスの開発、ネットワーク化も進めます。(P35【図20】参照)

(2) 高齢者がサービスにアクセスしやすい環境整備

　多様な生活支援サービスを充実させながら、地域の生活支援・介護予防サービスの情報提供を進めて、高齢者がサービスにアクセスしやすい環境の整備も同時に進めていく必要があります。

(3) 高齢者の社会参加ニーズを満たし、介護予防を目指す

　60歳代、70歳代の高齢者の多くは、要介護状態や要支援状態に至っていません。高

齢者自身のグループ活動の参加状況 は、平成15年（54.8％）、平成25年（61.0％）と増加しています。今後の参加意向については「参加したい」が54.1％と高齢者の社会参加のニーズは高い状況です。地域で高齢者が社会参加できる機会を増やし、地域の支え手となることがより良い地域づくりとなります。また、そのような活動が結果として高齢者の介護予防や、費用の効率化にもつながります。

＜高齢者が支援したいと考えている活動例＞

安否確認の声かけ
話し相手
相談相手
ちょっとした買い物
ゴミ出し

(4) ニーズのマッチングは市町村の役割

　生活支援・介護予防サービス等を通じて地域貢献したいという高齢者を含む地域住民のニーズと、地域の生活支援のニーズをマッチングしていくことが、今後の市町村の大切な役割となります。

3　介護予防の推進

(1) 基本的な考え方～一人ひとりの生きがいや自己実現を支援して、生活の質の向上を目指す～

＜介護予防の目的＞

　介護予防は、高齢者が要介護状態等となることの予防や要介護状態等の軽減・悪化の防止を目的として行うものです。「心身機能」「活動」「参加」のそれぞれの要素にバランスよく働きかけることが重要です。

　日常生活の活動を高め、家庭や社会への参加を促し、それによって一人一人の生きがいや自己実現のための取組を支援して、生活の質の向上を目指すものです。

(2) これからの介護予防ケアマネジメント～本人に加え、環境へのアプローチも行う～

　要支援者等に対する介護予防ケアマネジメントは、機能回復訓練などの高齢者本人へのアプローチだけをいうのではありません。生活環境の調整や、地域の中に生きがい・役割を持って生活できるような居場所と出番づくりなど、高齢者本人を取り巻く環境へのアプローチも含めた、バランスのとれたアプローチが重要となります。

　このような効果的なアプローチを実践するため、地域においてリハビリテーション専門職等を活かした自立支援を目指した取組も推し進め、要介護状態になっても、生きが

い・役割を持って生活できる地域の実現を目指します。

4 関係者間の意識の共有＜規範的統合＞と自立支援に向けたサービス・支援の展開
(1) 規範的統合
　地域包括ケアシステムの構築に向けては、保険者、地域包括支援センター、住民、事業者等の関係者の間での意識や共通認識の醸成「規範的統合」が不可欠です。

```
＜理　　　念＞自立支援の理念
＜基本的考え方＞高齢者自らが健康保持増進や介護予防に取り組む
＜方　向　性＞わがまちの地域包括ケアシステムや地域づくり
```

① 自立支援や介護予防の理念・意識の共有

> 国民は、自ら要介護状態となることを予防するため、加齢に伴って生ずる心身の変化を自覚して常に健康の保持増進に努めるとともに、要介護状態となった場合においても、進んでリハビリテーションその他の適切な保健医療サービス及び福祉サービスを利用することにより、その有する能力の維持向上に努める。
>
> 「介護保険法」（平成9年12月17日法律第123号）第4条より

○　介護予防ケアマネジメントによる適切なサービス利用と目的の共有サービスの提供にあたっては、利用者の意向を踏まえつつ、適切なサービス内容を公正中立に判断するために、地域包括支援センターや介護支援専門員等の専門職が介護予防ケアマネジメントによりサービス提供につなげる枠組みとなっています。サービスの提供に当たっては、被保険者と目的を共有することが大切なポイントとなります。

② 多職種による視点を取り入れ、多様なニーズや価値観に対応する
○　地域ケア会議の活用
　多様な価値観がある中で、支援する側の知識・技術・価値観によって判断が左右されることも少なくありません。そのため、対人支援に関わる者は自らの判断だけによるのではなく、地域ケア会議などにより、積極的に多職種の視点を取り入れることが重要です。

③ セルフマネジメントを基本として周囲が支える取組
○　住民一人ひとりの医療・介護・予防のリテラシーを高める
　医療や介護のサービス利用が必要な状態になっても、住み慣れた地域で暮らし、その生活の質を維持・向上させるためには、高齢者自身がその健康増進や介護予防についての意識を持って自ら必要な情報にアクセスするとともに、介護予防、健康の維持・増進に向けた取組を行うといった住民一人ひとりの医療・介護・予防などのリテラシーを高

めることが不可欠です。
○ 個人を家族・地域が支える
　個人がその機能を果たせなくなったとき、家族、近隣が支えることで地域全体の力が高まっていきます。

(2) サービスの類型と流れ
① サービスの類型
　サービスの類型は、P44「3　介護予防・日常生活支援総合事業（新しい総合事業）の構成」以降のページに示しています。

② サービスの単価設定
　サービスの単価は、サービスの内容に応じてふさわしい単価を区市町村が定めます。区市町村が基準・単価等を定める際の考え方は、介護予防・日常生活支援総合事業のガイドラインで以下のように示されています。

現行の介護予防訪問介護等に相当するサービス	○　国が定める額（予防給付と同じ額）を上限とし、専門的サービスにふさわしい単価 ○　月当たりの包括単価又は利用1回ごとの出来高 ※月の合計額が包括単価以下となるようにする。 ○　加算の考え方 ・国が定める単価の上限額を超過しない。 ※国が定めている加算は、その範囲において単価の上限額を超過することができる。 ・限度額管理外の加算は、国において定められている加算（中山間地域の小規模事業所に対する加算や特別地域加算、処遇改善加算等）のみ、その範囲内で定めることができる。
緩和した基準によるサービス	・要支援者等が個別のサービスを受けその利用状況に応じて対価を支払うサービスであり、指定事業者によるサービス提供（第1号事業支給費の支給）により、事業を実施する。
訪問型サービスA・通所型サービスA	○　第1号事業支給費の額（サービス単価）は、厚生労働省令により、区市町村において、国が定める額（予防給付の単価）を下回る額を個別の額（サービス単価）として定めることと規定しており、区市町村は、サービス内容や時間、基準等を踏まえ定める。 ○　単価は月当たりの包括単価、利用1回ごとの出来高のいずれも可能。
その他の訪問型サービス・通所型サービス	委託の場合の単価設定または補助における補助単価の設定となる。 ○　委託の場合の単価 ※必ずしも要支援者個々人に対する個別のサービス単価を設定するものではないことが想定される。 ※指定事業者の場合に国が定める上限単価と比較することになじまない。 ※事業の実施に当たって、区市町村は、利用者一人当たりに要する費用が国が定める上限単価を上回らないよう事業を計画して実施する。 ○　短期集中予防サービスは、上記※の限りではない。 ・短期集中予防サービスは、事業の効果的かつ効率的な実施という観点から、3～6か月等の期間を限定して実施されるべきものである。

	・補助（助成）の方式により事業実施するものは、支援の内容に応じ、区市町村が適切な補助単価の設定を行う。
その他の生活支援サービス	○ 単価は、サービス内容等に応じて、区市町村が定める。 ○ 補助（助成）の方式により事業実施するものは、支援の内容に応じ、区市町村が適切な補助単価の設定を行う。
介護予防ケアマネジメント	○ 委託に当たっては、1件当たりの単価を設定し、その単価については、提供する内容等に応じて、予防給付の報酬単価以下の単価を区市町村が定める。
1単位当たりの単価設定	○ 1単位10円を基本としつつ、事業所の所在する区市町村の地域区分や各サービスの人件費割合に応じて、各サービスごとに、10円から11.40円までの間で、1単位当たりの単価が設定されている。 ○ 総合事業は、区市町村において、訪問型サービスについては介護給付の訪問介護の単価、通所型サービスについては介護給付の通所介護の単価を設定する。 ○ 介護予防訪問介護等相当サービス以外の訪問型サービス及び通所型サービスは、区市町村の判断により、10円の単価を用いることもできる。 ○ その他の生活支援サービスは、区市町村が、そのサービスの内容に応じて設定することができる。（例：3級地の区市町村で1単位当たりの単価を10円、10.68円、10.83円、11.05円から選択することができる。）

○ 現行の訪問介護等に相当するサービスは、住民主体の支援等の多様なサービスを想定しています。

(3) 生活支援・介護予防サービスの充実
① 生活支援コーディネーターや協議体等を通じ、地域の支え合い体制作りを推進
　　～生活支援コーディネーター（地域支え合い推進員）とは～
　高齢者の生活支援・介護予防サービスの体制整備を推進していくことを目的として、地域で生活支援・介護予防サービスの提供体制の構築に向けたコーディネート機能（主に資源開発やネットワーク構築の機能）を果たす者をいいます。

② 担い手の知識・スキルの向上のため、研修を実施
　　～ボランティア等の支援の担い手に対する研修・人材育成の実施～
○　研修の実施
　生活支援や介護予防の担い手となるボランティアに対して、介護保険制度や高齢者の特徴、緊急対応などについて、区市町村が主体的に研修を行うことが望まれます。

＜カリキュラムの例示＞

・介護保険制度、介護概論	・緊急対応（困った時の対応）
・高齢者の特徴と対応（高齢者や家族の心理）	・認知症の理解（認知症サポーター研修等）
・コミュニケーションの手法、訪問マナー	・介護技術
・訪問実習オリエンテーション	・ボランティア活動の意義

○ 事例の紹介

【介護支援ボランティアポイントの活用】
★Ⅰ市の例★
　平成19年度からの先駆的な取組である。574人の登録者（平成26年3月31日現在）が参加し、自らの知識や能力などを生かしたレクリエーションなどの指導・参加支援、行事などの手伝い（模擬店、会場設営、利用者の移動補助、芸能披露など）、話し相手となるなどのボランティアを行った場合に、スタンプを押し、そのスタンプの数に応じて、ポイントを付与する取組を行っている。

※介護支援ボランティアポイント制度とは
　高齢者が地域のサロン、会食会、外出の補助、介護施設等の介護の実施場所等でボランティア活動を行った場合にポイントを付与するもので、この制度を設けているところが209市町村ある（平成25年4月現在。一般会計によるものも含む。）。
※介護支援ボランティアポイントの取組は、地域支援事業の一般介護予防事業の枠組みが活用可能。

5　サービス利用の流れ

　サービス利用に関する流れで、従前と異なるのは、以下の2点です。

| 1　基本チェックリストを活用し、サービスを利用可能とする |
| 2　事業による介護予防ケアマネジメントを、3パターンに分けて行う |

1　基本チェックリストを活用し、サービスを利用可能とする
　※要支援認定の省略による簡略化
　　基本チェックリストは資料編7（P151）を参照してください。

【図26】介護サービスの利用の手続き

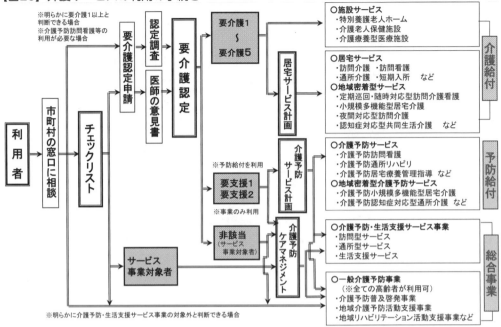

(厚生労働省資料より)

2 事業による介護予防ケアマネジメント

(1) 介護予防ケアマネジメントの基本的な考え方

①	利用者に対して、介護予防・生活支援を目的に、その心身の状況等に応じて、その選択に基づき、適切な事業が包括的かつ効率的に提供されるよう、専門的視点から必要な援助を行う。高齢者自身が、地域で何らかの役割を果たせる活動を継続することにより、結果として介護予防につながるという視点からも、利用者の生活上の何らかの困りごとに対して、単にそれを補うサービスを当てはめるのではなく、利用者の自立支援に資するよう、心身機能の改善だけではなく、地域の中で生きがいや役割を持って生活できるような居場所に通い続けるなど、「心身機能」「活動」「参加」にバランスよくアプローチしていくことが重要である。
②	利用者が居住する住所地の地域包括支援センターが実施するが、居宅介護支援事業所への委託も可能。
③	介護予防ケアマネジメントは、利用者の状態像・意向等を踏まえ、3パターンに分けて行う。

(2) 事業による介護予防ケアマネジメントの3パターン

　事業による介護予防ケアマネジメントのプロセスについては、利用者の状態等や、基本チェックリストの結果、本人の希望するサービス等を踏まえて、従来からの原則的なケアマネジメントのプロセスに沿った上で、典型例として以下のような3つの類型を想定しています。

① ケアマネジメントＡ（原則的な介護予防ケアマネジメント）

　地域包括支援センターが、現行の予防給付に対する介護予防ケアマネジメントと同様に、アセスメントによってケアプラン原案を作成し、サービス担当者会議を経て決定する。

　利用者との面接によるモニタリングについては、少なくとも３か月に１回行い、利用者の状況に応じてサービスの変更も行うことが可能な体制をとっておく。

② ケアマネジメントＢ（簡略化した介護予防ケアマネジメント）

　アセスメント（課題分析）からケアプラン原案作成までは、①のケアマネジメントＡ（原則的な介護予防ケアマネジメント）と同様に実施しつつ、サービス担当者会議を省略したケアプランの作成と、間隔をあけて必要に応じてモニタリング時期を設定し、評価及びケアプランの変更等を行う簡略化した介護予防ケアマネジメントを実施する。

③ ケアマネジメントＣ（初回のみの介護予防ケアマネジメント）

　ケアマネジメントの結果、利用者本人が自身の状況、目標の達成等を確認し、住民主体のサービス等を利用する場合に実施する。

　初回のみ、②のケアマネジメントＢ（簡略化した介護予防ケアマネジメント）のプロセスを実施し、ケアマネジメントの結果（「本人の生活の目標」「維持・改善すべき課題」「その課題の解決への具体的対策」「目標を達成するための取組」等を記載）を利用者に説明し、理解を得た上で、利用者自身のセルフマネジメントによって、住民主体の支援の利用等を継続する。その後は、地域包括支援センターによるモニタリングは行わない。利用者の状況の悪化や、利用者からの相談があった場合に、地域包括支援センターによるケアマネジメントに移行する。

【表5】具体的な介護予防ケアマネジメント(アセスメント、ケアプラン等)の考え方

① ケアマネジメントA (原則的な介護予防ケアマネジメント)のプロセス	
・介護予防・生活支援サービス事業の指定を受けた事業所のサービスを利用する場合 ・訪問型サービスC、通所型サービスCを利用する場合 ・その他地域包括支援センターが必要と判断した場合	アセスメント → ケアプラン原案作成 → サービス担当者会議 → 利用者への説明・同意 → ケアプランの確定・交付 　【利用者・サービス提供者へ】 → サービス利用開始 → モニタリング【給付管理】
② ケアマネジメントB (簡略化した介護予防ケアマネジメント)のプロセス	
・①又は③以外のケースで、ケアマネジメントの過程で判断した場合(指定事業所以外の多様なサービスを利用する場合等)	アセスメント → ケアプラン原案作成 (→ サービス担当者会議) → 利用者への説明・同意 → ケアプランの確定・交付 　【利用者・サービス提供者へ】 → サービス利用開始 (→ モニタリング(適宜))
③ ケアマネジメントC (初回のみの介護予防ケアマネジメント)のプロセス	
・ケアマネジメントの結果、補助や助成のサービス利用や配食などの、その他の生活支援サービスの利用につなげる場合 (※必要に応じ、その後の状況把握を実施)	アセスメント → ケアマネジメント結果案作成 → 利用者への説明・同意 → 利用するサービス提供者等への説明・送付 → サービス利用開始

※ ( ) 内は必要に応じて実施

(3) 留意事項

1	市町村(地域包括支援センター等)の判断により、表5の①から③までの介護予防ケアマネジメントのプロセスは、その途中でも、利用者本人の状況等に応じて変更できる。
2	ケアプラン・ケアマネジメント結果等を交付された後、利用者はサービスの利用を開始する。
3	○ 総合事業ではケアプランの自己作成に基づくサービス事業の利用は想定していない。 ○ 予防給付で自己作成の場合は、現行制度と同様、区市町村の承認が必要だが(介護給付と異なる)、加えてサービス事業を利用する場合は、必要に応じて地域包括支援センターによる介護予防ケアマネジメントにつないでいくことが適当である。 ○ 介護予防ケアマネジメントについては、並行して要介護認定等の申請をしている場合も想定される。その場合は、基本チェックリストの結果が事業対象者の基準に該当すれば、介護予防ケアマネジメントを経て迅速にサービス事業のサービスを利用することができる。その後、「要介護1以上」の認定がなされた場合には、介護給付の

	利用を開始するまでの間、サービス事業によるサービスの利用を継続することができる。なお、要介護認定のいわゆる暫定ケアプランによる介護給付サービスを利用している場合は、並行してサービス事業を利用することはできない。
4	○ 介護予防ケアマネジメントに関する様式については、予防給付で用いている様式を活用する他、区市町村の判断で任意の様式を使用することも可能である。 ○ 介護予防ケアマネジメントを簡略化する場合においては、区市町村の判断でケアプランの様式を任意で簡略化したものを作成して使用することも可能である。ただし、区市町村で統一しておくことが望ましい。加えて、新たな介護予防手帳については、セルフマネジメントの推進を目的として作成しており、アセスメントの段階から「していることや興味の確認」などを聴取し、利用者と相談しながら、利用者の興味、関心のあることを通して生活の目標やその達成のために取り組むことを決定する。それを介護予防手帳に記入して携行し、活動の記録を記載するなどの活用によるセルフマネジメントツールとできるようにすることを想定している。利用者自身が自身の目標や取組、達成状況を自分で確認、周囲と共有しながら評価していくための記録として有効に活用できると考えており、積極的に活用されたい。
5	○ ケアプランの作成の必要がなく、初回のみのケアマネジメントを行う場合は、サービス事業の利用の前に、利用者及びサービス提供者等とケアマネジメント結果等を共有することにより、ケアプランの作成に代えることもできる。 ○ ケアマネジメント結果としては、「本人の生活の目標」「維持・改善すべき課題」「その課題の解決への具体的対策（利用サービス）」「目標を達成するための取組」等については記載が望ましい。

【図27】

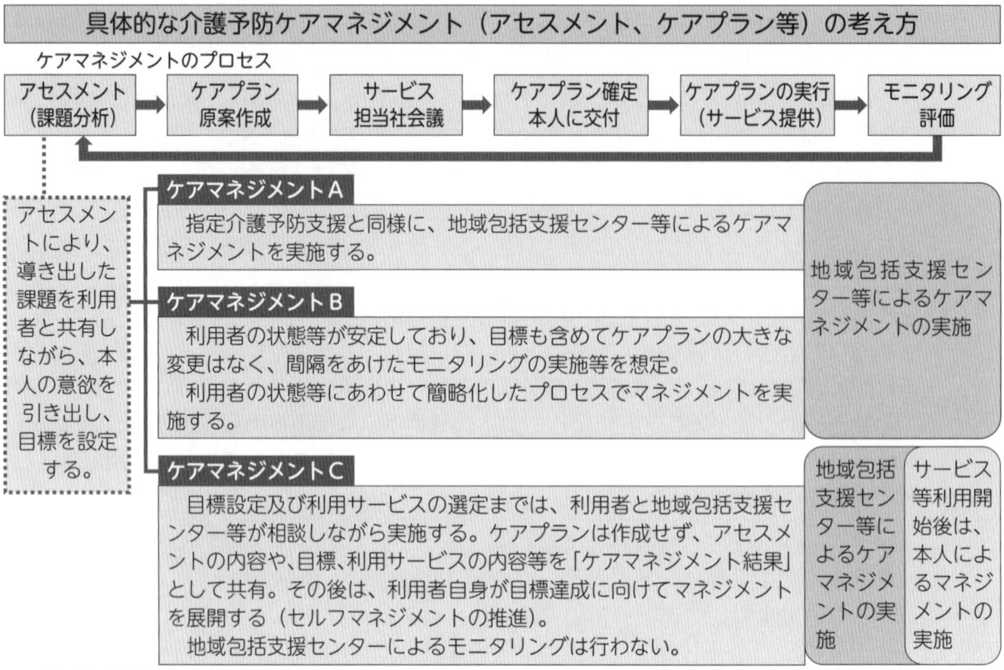

具体的な介護予防ケアマネジメント（アセスメント、ケアプラン等）の考え方

ケアマネジメントのプロセス：アセスメント（課題分析）→ ケアプラン原案作成 → サービス担当者会議 → ケアプラン確定 本人に交付 → ケアプランの実行（サービス提供）→ モニタリング 評価

アセスメントにより、導き出した課題を利用者と共有しながら、本人の意欲を引き出し、目標を設定する。

ケアマネジメントA
指定介護予防支援と同様に、地域包括支援センター等によるケアマネジメントを実施する。

ケアマネジメントB
利用者の状態等が安定しており、目標も含めてケアプランの大きな変更はなく、間隔をあけたモニタリングの実施等を想定。
利用者の状態等にあわせて簡略化したプロセスでマネジメントを実施する。

（地域包括支援センター等によるケアマネジメントの実施）

ケアマネジメントC
目標設定及び利用サービスの選定までは、利用者と地域包括支援センター等が相談しながら実施する。ケアプランは作成せず、アセスメントの内容や、目標、利用サービスの内容等を「ケアマネジメント結果」として共有。その後は、利用者自身が目標達成に向けてマネジメントを展開する（セルフマネジメントの推進）。
地域包括支援センターによるモニタリングは行わない。

（地域包括支援センター等によるケアマネジメントの実施／サービス等利用開始後は、本人によるマネジメントの実施）

※ ケアマネジメントB又はCの該当者については、随時の本人及び家族からの相談を受けるとともに、利用者の状況変化時などサービス実施主体から、適宜連絡が入る体制を作ることが望ましい。

（厚生労働省資料より）

(4) 介護予防ケアマネジメントの実施主体（実施担当者）

　実施に当たっては、地域包括支援センターの実施件数、指定居宅介護支援事業所の受託件数の制限は設けておらず、居宅介護支援費の逓減制には含めることにはなっていません。介護予防ケアマネジメントの望ましい実施体制の例として、地域包括支援センターが、すべての介護予防ケアマネジメントを行う以外に、居宅介護支援事業所に委託する場合においては、「初回の介護予防ケアマネジメントは、地域包括支援センターが行い、（1クール終了後の）ケアプランの継続、変更の時点以後は、居宅介護支援事業所が行い、適宜地域包括支援センターが関与」することが留意事項として通知により示されています。

【実施の手順】(例として、区市町村の介護保険担当窓口が対応する場合を示す。)

(1) 介護予防ケアマネジメント対象者要件の確認(介護保険担当窓口で実施)

来所者の意向の確認、総合事業、要介護認定等の説明。
利用者より介護予防ケアマネジメント依頼の届出を受け、サービス事業対象者の旨を記載した被保険者証の交付。

(2) 介護予防ケアマネジメント利用の手続(以下、利用者宅で実施)

地域包括支援センターが利用者宅を訪問して運営規定等を説明して同意を得た上で、介護予防ケアマネジメントを開始する。

介護予防ケアマネジメント

ア.アセスメント(課題分析)

利用者宅を訪問し、利用者及び家族との面談により実施する。利用者本人の生活機能の低下等についての自覚を促すとともに、介護予防に取り組む意欲を引き出すため、この段階から、本人及び家族とコミュニケーションを深め、信頼関係の構築に努める。

イ.ケアプラン原案(ケアマネジメント結果)作成

利用者の状況に応じて利用するサービスの選択を支援すると共に、その後の利用者への関わりの必要度合いにより、介護予防ケアマネジメントプロセスの類型を決める。利用者が、自分の目標として意識できるような内容・表現となるように設定する。また、計画に定めた実施期間の間に取り組むことにより、その達成がほぼ可能と思われ、利用者自身でも評価できる具体的な目標とすることが望ましい。

ウ.サービス担当者会議(ケアマネジメントBの一部、ケアマネジメントCの場合を除く)

ケアマネジメントBにおいては、サービス担当者会議を省略する場合も想定しているが、ケアプランの変更等を行ったときは、利用者、サービス実施者ともその内容を共有することが必要である。

エ.利用者への説明・同意

オ.ケアプラン確定・交付(ケアマネジメント結果交付)(利用者、サービス提供者)

利用者に交付すると共に、サービス提供者にも交付する。ケアマネジメントCの場合は、ケアマネジメント結果を利用者に交付し、サービス実施者には、利用者から持参してもらうか、利用者の同意を得て、地域包括支援センターから送付する。

カ.サービス利用開始

各サービス提供者よりサービスを実施。

	キ．モニタリング（給付管理）（ケアマネジメントBの一部、ケアマネジメントCの場合を除く）
介護予防ケアマネジメント	サービス利用開始後の状況、問題、意欲の変化など継続的に把握。 利用者及び家族より直接聴取するほか、サービス提供者から状況を聴取。 利用者宅への訪問によるモニタリングは、ケアマネジメントの類型により、その実施及び間隔が異なる。 ケアマネジメントAの場合は、介護予防支援と同様に、少なくとも3か月に1回及びサービスの評価期間の終了月、利用者の状況に著しい変化のあったときには、訪問して面接する。利用者の状況に変化のあった場合は、必要に応じて計画の見直しを行う。それ以外の月においては、可能な限り、利用者の通所先を訪問する等の方法により利用者に面接するよう努めるとともに、面接ができない場合は、電話等により利用者との連絡を実施する。 ケアマネジメントBの場合は、利用者及び家族との相談によって設定した時期に、利用者宅を訪問して面接する。 ケアマネジメントB、ケアマネジメントCの該当者については、利用者の状況変化等があった際に、サービス実施者側から地域包括支援センターへ情報が入る体制を作っておく。
	ク．評価（ケアマネジメントCの場合を除く）
	実施期間終了時、ケアプランの目標が達成されたか評価し、ケアマネジメントの類型変更も含めて、今後の方針を決定する。 ケアマネジメントA、Bについては、設定したケアプランの実施期間の終了時には、利用者宅を訪問して、プランの実施状況を踏まえて目標の達成状況を評価し、利用者と共有しながら、新たな目標の設定や、利用するサービスの見直し等今後の方針を決定する。

【表6】ケアマネジメントの類型における各プロセスの実施

	ケアマネジメントA	ケアマネジメントB	ケアマネジメントC
アセスメント	○	○	○
ケアプラン原案作成	○	○	－
サービス担当者会議	○	△	－
利用者への説明・同意	○	○	○
ケアプラン確定・交付	○	○	(○)（ケアマネジメント結果）
サービス利用開始	○	○	○
モニタリング	○	△	－

（○：実施、△：必要に応じて実施、－：不要）

(5) **報酬（単価、加算）、支払について**

　介護予防ケアマネジメントは、直接実施又は委託により実施するものです。

　委託をする場合は、1件あたりの単価を設定することとし、その単価については、提供する内容等に応じて、予防給付の報酬単価以下の単価を区市町村が定めます。

　加算については、地域の実情に応じて区市町村が定めることが可能ですが、総合事業の効率的な実施の観点から、区市町村は、加算を定めた結果、国が定める単価の上限額を超過することがないようにします。ただし、国が定めている加算については、その範囲において単価の上限額を超過することができます。

　限度額管理外とする加算の対象として、国において定められている加算（介護予防ケアマネジメントに関するものとしては、初回加算、介護予防小規模多機能型居宅介護事業所連携加算）については、その範囲内で定めることができるものとします。

【表7】サービス事業のみ利用の場合のケアマネジメント費の例
（サービス提供開始の翌月から3か月1クールとしたときの考え方）

ケアマネジメントプロセス	ケアプラン	利用するサービス		サービス提供開始月	2月目(翌月)	3月目(翌々月)	4月目(3ヶ月後)
原則的なケアマネジメント	作成あり	指定事業者のサービス	サービス担当者会議	○	×	×	○
			モニタリング等	―（※1）	○（※1）	○（※1）	○（面接による）（※1）
			報酬	基本報酬＋初回加算（※2）	基本報酬	基本報酬	基本報酬
		訪問型C・通所型Cサービス	サービス担当者会議	○	×	×	○
			モニタリング等	―	○	○	○
			報酬	基本報酬＋初回加算	基本報酬	基本報酬	基本報酬
簡略化したケアマネジメント		その他（委託・補助）のサービス	サービス担当者会議	△（必要時実施）	×	×	×
			モニタリング等	―	×	×	△（必要時実施）
			報酬	(基本報酬-X-Y)＋初回加算（※3）	基本報酬-X-Y	基本報酬-X-Y	基本報酬-X-Y
初回のみのケアマネジメント	作成なし ケアマネジメント結果の通知	その他（委託・補助）のサービス	サービス担当者会議	×	×	×	×
			モニタリング等	―	×	×	×
			報酬	(基本報酬＋初回加算)を踏まえた単価（※4）	×	×	×
		一般介護予防・民間事業のみ	サービス担当者会議	×	×	×	×
			モニタリング等	―	×	×	×
			報酬	(基本報酬＋初回加算)を踏まえた単価（※4）	×	×	×

（※1）指定事業者のサービスを利用する場合には、給付管理票の作成が必要
（※2）基本報酬：予防給付の単価を踏まえた単価を設定
（※3）X：サービス担当者会議実施分相当単位、Y：モニタリング実施分相当単位
（※4）2月目以降は、ケアマネジメント費の支払いが発生しないことを考えて、原則的なケアマネジメントの報酬単価を踏まえた単価

（厚生労働省資料より）

3　保健・医療の専門職が関与し、短期で集中的なアプローチにより自立につなげる方策

(1) 目的

　自立支援に向けた介護予防ケアマネジメントは、要支援者等が有している生活機能の維持・改善が図られるよう、ケアマネジメントのプロセスを通じて本人の意欲に働きかけながら目標指向型の計画を作成し、地域での社会参加の機会を増やし、状態等に応じ、要支援者等自身が地域の支え手になることを目指すものです。

(2) 地域リハビリテーション活動支援事業の活用

　特にADL・IADLの自立支援では、在宅生活で要支援者等の有する能力が実際に活かされるよう支援することが重要です。
　日常の環境調整や動作の仕方などの改善の見極めについてアドバイスができるリハビリテーション専門職等が、ケアマネジメントのプロセスに関与する地域リハビリテーション活動支援事業の活用が望まれます。
　※訪問（居宅での生活パターンや環境をアセスメント）、通所（訪問で把握した生活行為や動作上の問題を集中的に練習する等）が一体的に提供されることが効果的です。

(3) 多職種協働による介護予防ケアマネジメント支援

　サービス担当者会議では、サービス提供事業者の参加だけではなく、必要に応じて【図28】のリハビリテーション専門職等の参加により、対象者の有する能力はどの程度あるのか、改善できるのかという見通し、効果的な支援方法を入手し、自立支援の視点に立ったケアマネジメントを実践することが望まれます。

【図28】

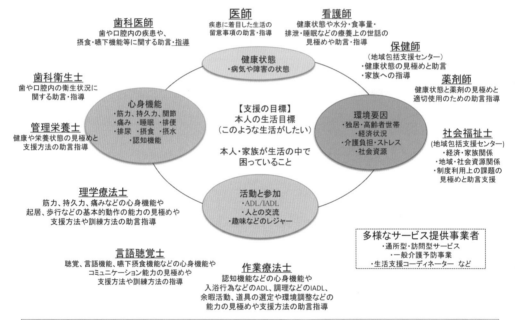

サービス担当者会議で求められるリハビリテーション専門職等の発言内容

（厚生労働省資料より）

6　関係者間の意識共有と介護予防ケアマネジメント

■　関係者間での意識の共有（規範的統合の推進）
　地域包括ケアシステムの構築と規範的統合
　地域包括ケアシステムの構築においては、区市町村は、介護保険事業計画等で目指すべき方向性を明確にし、地域単位で具体的な基本方針を定め、その基本方針を介護サービス事業者・医療機関・民間企業・ＮＰＯ・地縁組織・住民等のあらゆる関係者に働きかけて共有することによって、地域内に分散しているフォーマル・インフォーマル資源を統合していくことが重要とされています。

(参考) 区市町村が進める地域包括ケアシステムの構築に関する基本方針が、同一の目的の達成のために、地域内の専門職や関係者に共有されることを表すものとして、「規範的統合」という表現がある（価値観、文化、視点の共有）。

> 『地域包括ケアシステムの構築に向けては、市町村は具体的な基本方針を明示し、関係者に働きかけて共有していく「規範的統合」が必要となる。市町村が示す基本方針の背景についての十分な理解がないままに、システムのみ統合を図っても、その効果は発揮できないため、「規範的統合」は重要な意味を持つ。』
> 地域包括ケア研究会（2014.3）「持続可能な介護保険制度及び地域包括ケアシステムの在り方に関する調査研究事業報告書」三菱UFJリサーチ＆コンサルティング
> （介護予防・日常生活支援総合事業のガイドラインより）

7　在宅医療・介護連携の実際の方法

地域包括ケアシステムの構築には、次の2つのケアが欠かせません。ここでは、「②多職種協働」について考えていきます。

| ①地域ケア（住民やボランティアの参加によるケアの提供） |
| ②多職種協働 |

「多職種協働」は個別のケースごとに行う場合と、個別のケースごとの多職種連携の質の向上を目指して組織的に多職種が協働して取組を行う場合があります。ここでは、多職種連携のために、なぜ組織的な取組が必要なのかを考えてみましょう。

(1)　地域のケアの質は、地域のチームの質である

「地域のケアの質」を決めるものは、「地域のチームの質」であるといっても過言ではありません。「地域のチーム」をここでは多職種に限定して考えた場合（本来は上記表の①も含める）、在宅医療・介護を担う専門職の数、知識・技術、相互の尊重関係がその質に大きく影響します。これから後期高齢者の数は増加し、看取りを必要とする方の数も増加します。軽度から重度、看取りまでのケアを、地域の多くの医療・介護職の標準的で共通の知識・技術をもって連携できなければ、地域の高齢者の暮らしを支えることができません。

①在宅医療・介護を担う専門職の数を増やす必要性

在宅介護や看取りケアに熱心な医療者や介護職はごく一部で、その一部の人たちを頼りに在宅介護や看取りケアが実施されているとしたらどうでしょうか。その人たちが担えるケースの数、時間は限られますし、その人たちが疲弊してしまえば、地域の医療介護は限界を迎えます。

②在宅での医療・介護に関する専門職としての知識・技術とその共通理解の必要性

在宅ケアに関わる医療者・介護者が高齢者にありがちな疾病と日常生活上のケアの方法について、共通理解と共通言語を持っていれば、個別のケースごとの連携を円滑で質の高いものにできます。介護職も医療者と最低限の共通知識を持つことで、観察のポイントや次に行うべきケアの予測も可能となります。また疾患ごとに医療者に何を伝えるべきか整理できます。

③多職種間の尊重関係はチームの質に影響する

この職種が偉くてこちらの職種は下位である、この職種の言ったことには敷居が高くて意見を伝えることができない・従わなければならない雰囲気がある、そういった考えや行動は、多職種連携の質を低下させ、結果として利用者と家族の生活の質を低下させます。医療者・介護職の全ての職種が平等であり、お互いの仕事の高潔さに対し、心から尊重の念を抱くことができたとき、はじめて真の多職種連携は成立します。

(2) 要介護・要支援高齢者等の視点からみた医療・介護の連続イメージ

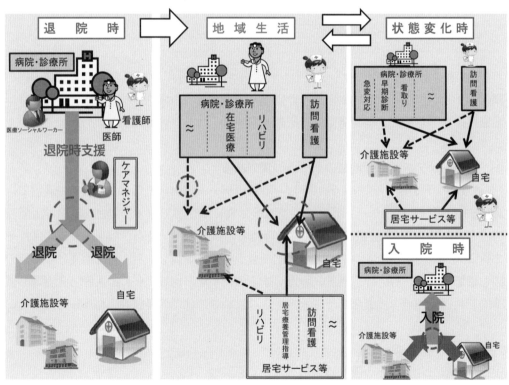

(厚生労働省資料より)

8　総合事業への円滑な移行

　新しい総合事業への移行の日程は、平成27年4月以降平成29年度までに、準備が整った区市町村から実施することとされ、移行に当たっては、住宅、医療所管部局との調整に加えて、職員の配置や新しいサービス、住民の参画による生活支援サービス等の提供等の様々なハードルがありました。平成30年度からは完全移行となりましたが、移行できた区市町村と、そうでない区市町村の格差が生じているようです。

（参考）
1　総合事業の制度的枠組み
　○　直接実施や委託のほか、指定事業者による実施や、事業者に対する補助により実施が可能
　○　基準・単価等は、国の基準や単価の上限を踏まえて設定
　○　区市町村の事業費の上限は、移行分をまかなえるように設定
2　円滑な事業への移行実施
　○　事業は平成29年4月まで猶予可能。区市町村は、早期から総合事業に取り組む。一方で、受け皿の整備等に一定の時間をかけることも選択肢
　○　エリアごとなど、段階的な実施も可能

◇　地域共生社会とは
　高齢、障害児者等に関わる制度・分野ごとの「縦割り」や「支え手」「受け手」という関係を超えて、地域住民や地域の多様な主体が「我が事」として参画し、人と人、人と資源が世代や分野を超えて「丸ごと」つながることで、住民一人ひとりの暮らしと生きがい、地域をともに創っていく社会をいいます。住民主体のまちづくりが目標の一つである「地域包括ケアシステム」とも共通点があります。
　その実現のための第一ステップとして、高齢者、障害者、障害児への介護サービスが各々別の法律やサービス事業者により提供されていますが、それらを協働して使えるサービスとして、共生型サービスが創設されました。
　また、相談窓口についても分野を超えて総合的な相談支援を行う取組みが始まっています。

【図29】共生社会構築に向けたイメージ図

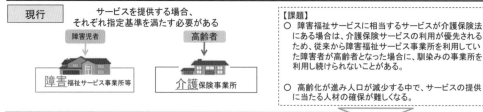
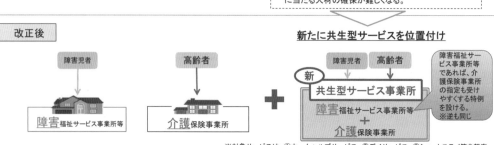

（厚生労働省資料より）

9 介護医療院の創設について

1 サービスの内容

今般の地域包括ケア強化法とも呼ばれる介護保険法改正において、

(1) 「日常的な医学管理」や「看取り・ターミナルケア」等の医療機能と、

(2) 「生活施設」としての機能

とを兼ね備えた新たな介護保険施設として、「介護医療院」を創設されました。

介護医療院には、そのサービスの内容が介護療養型医療施設に準じた「Ⅰ型」と老健施設に準じた「Ⅱ型」があります。

2 創設の経緯

介護療養病床の設置期限が平成29年度末までとなっていたことに鑑み、慢性期の医療ニーズに対応する今後の医療・介護サービス提供体制について、「療養病床の在り方等に関する検討会」で審議が行われ、新たな施設系サービスの選択肢が整理されました。その上で、制度改正に向けて「療養病床の在り方等に関する特別部会」（社会保障審議会）で審議が行われ、高齢化の進展により増加が見込まれる慢性期の医療と介護のニーズを併せ持つ高齢者に対応するため、新たな施設類型を創設すべきとされました。

併せて、病院、診療所から介護医療院に転換した場合には、転換前の病院、診療所の名称を引き続き使用でき、現行の介護療養病床の経過措置期間については、6年間延長することとされました。

10　介護支援専門員関係

1　居宅介護支援事業所の指定権限の区市町村への移譲

　介護保険制度施行当初より、指定居宅介護支援事業所の指定は、都道府県等が行ってきましたが、平成26年法改正により、区市町村にその権限が移譲されます。

(1)　施行時期

　　平成30年4月～　※経過措置期間1年

(2)　運営基準の区市町村条例化

　　指定権限の区市町村への移譲に伴い、運営基準は、平成30年4月から区市町村が条例で定めることとなりました。

【図30】居宅介護支援事業者の指定権限の移譲について

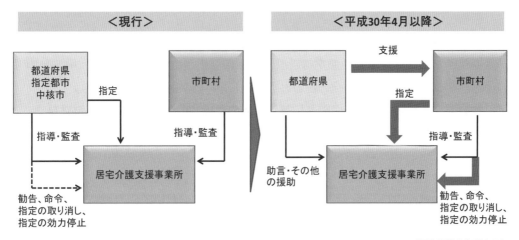

（厚生労働省資料より）

(3)　指定権限の移譲についての背景と理由

　高齢者が住み慣れた地域で自立した日常生活を営めるようにするため、地域包括ケアシステムの構築とともに、高齢者の自立支援に資するケアマネジメントが必要です。地域でケアマネジメントの役割を担う介護支援専門員の育成や支援などに区市町村が積極

的に関わっていくことができるよう保険者機能が強化されました。

2　ケアマネジメントの質の向上と公正中立性の確保

(1)　居宅介護支援事業所の管理者は、主任介護支援専門員

　居宅介護支援事業所の適切な運営、人材育成の取組を促進するため、管理者は、主任ケアマネジャーであることが要件とされました。平成30年4月施行ですが、3年間の経過措置期間が設けられています。

(2)　契約時における利用者への説明の義務

　居宅介護支援の契約時に、介護支援専門員は、利用者やその家族に対して、利用者はケアプランに位置付ける居宅サービス事業所について複数の事業所の紹介を求めることが可能であること、地域には複数の事業所があるのに、なぜその事業所をケアプランに位置付けたのかの理由を求めることができる旨を説明することが義務づけられました。

　その目的は、措置から契約となった介護保険の「利用者本位」、「利用者による選択」をより確実に実行することにあります。介護支援専門員はこのような主旨を十分に理解し、ケアマネジメントのはじまりから、利用者の利用終了にわたるまで、利用者の自己決定を支援することについて自覚し、責任をもたなければなりません。

　<u>この基準に違反した場合は報酬が減額（所定単位数の50／100に相当する単位数（運営基準減算））となります。</u>

3　医療との連携

(1)　平時からの医療との連携

　入退院時における医療との連携は、改正ごとに強化されてきましたが、平成30年度の運営基準改定では、平時からの医療との連携に関する内容が規定されました。

①　医療系サービスに関し主治医等に意見を求めた場合のケアプランの交付義務

　利用者が医療系サービスの利用を希望している場合や介護支援専門員が医療系サービスの必要性を想定した場合等には、利用者の同意を得て主治の医師等の意見を求めなければなりません。これまではそのような場合でも、主治医等に対するケアプランの交付義務はありませんでしたが、平成30年度運営基準改定において、医療系サービスの必要性等に関して主治医等に意見を求めた場合、主治医師等に対してケアプランを交付することが運営基準に義務づけられました。

②　利用者に関するモニタリング情報の主治医等への情報伝達の義務付け

　訪問介護事業所等から報告された利用者の口腔に関する問題や服薬状況、介護支援専門員自身がモニタリング等の際に把握した利用者の状態等については、介護支援専門員から主治医や歯科医師、薬剤師に必要な情報伝達を行うことが運営基準に義務づけられ

ました。

【図31】

**医療・介護の役割分担と連携の一層の推進
（ケアマネから薬剤師等への情報伝達 等）**

訪問介護	居宅介護支援	薬剤師 等
○ 訪問介護の現場での利用者の口腔に関する問題や服薬状況等に係る気付きをサービス提供責任者から居宅介護支援事業者等のサービス関係者に情報共有することについて、サービス提供責任者の責務として明確化。【省令改正】	○ 訪問介護事業所等から伝達された利用者の口腔に関する問題や服薬状況、モニタリング等の際にケアマネジャー自身が把握した利用者の状態等について、ケアマネジャーから主治の医師や歯科医師、薬剤師に必要な情報伝達を行うことを義務付け。【省令改正】	○ 伝達された情報を踏まえ、適切な対応をとることが求められている。 【薬剤師の場合】 ・薬学的観点を踏まえ、医療・介護の連携の中で、いかに適切な対応をとれるかが重要。

(厚生労働省資料より)

(2) 入退院時の医療・介護連携の強化

　居宅介護支援の入院時、退院時における報酬上の要件が改定されました。

　入院時については、改定前の情報伝達の方法論よりも、より一層の連携のスピードを重視する要件となりました。

　退院時については、初回の手間、カンファレンスへの出席の有無を明確に評価する内容となりました。

　あくまで連携は、連携先にとって有益な行動をとることができ、その結果として患者・利用者に利益がもたらされることが目的です。

　入退院時における介護報酬と診療報酬の関連する加算の関係を図に示しました。

【図32】

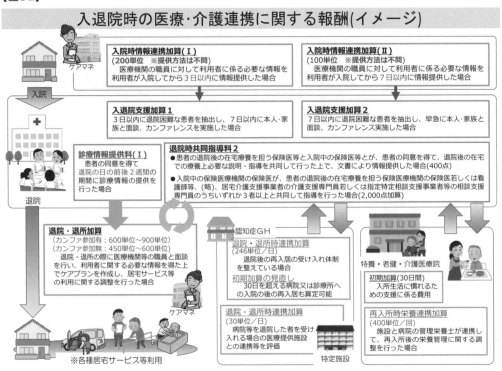

(厚生労働省資料より)

(3) 末期の悪性腫瘍の利用者に対するケアマネジメント

　末期の悪性腫瘍の利用者は、特に死亡前の短い期間に著しい状態の変化を伴う場合が多く、通常のケアマネジメントプロセスを、例えばサービス担当者会議を事後的に行うことも不可能な場合があります。このような実態を踏まえ、平成30年度運営基準の改定では、末期の悪性腫瘍の利用者に限り、主治医等の助言を得ることを前提として、サービス担当者会議の招集を不要とすること等によりケアマネジメントプロセスを簡素化することが可能となりました。

　この改定は、サービス担当者会議招集を不要としているのではありません。原則的には従前どおり実施することとし、やむを得ず行えない（利用者の視点から望ましくない）場合であって、運営基準に記載した要件を満たしていれば、運営基準減算としない、との考えです。末期の悪性腫瘍の利用者に対するケアマネジメントプロセスを簡素化しなければならないわけではなく、また奨励しているのではないことに留意しなければなりません。

4　訪問介護（生活援助）の回数が多い利用者のケアプランの保険者への届け出義務

　運営基準の改正により、ケアプランに訪問介護の生活援助を国が定める一定回数以上位置付けた場合には、介護支援専門員は、保険者にケアプランを提出することが義務化

されました。

一定回数以上とは、統計的に見て通常のケアプランよりかけ離れた回数で、「全国平均利用回数＋2標準偏差」を基準として平成30年4月に国が定め、6ヶ月の周知期間を設けて10月から施行します。

その背景は、ケアプランについては、利用者の自立支援・重度化防止や地域資源の有効活用等の観点から、市町村が確認し、必要に応じて是正を促していくことが適当であるとの考えによるものです。

市町村は、地域ケア会議の機能として、届け出られたケアプランの検証を位置付け、地域ケア会議の開催等により、ケアプランの検証を行うこととされています。また市町村は、必要に応じ、ケアマネジャーに対し、利用者の自立支援・重度化防止や地域資源の有効活用等の観点から、サービス内容の是正を促すことも規定されました。

【図33】訪問回数の多い利用者への対応

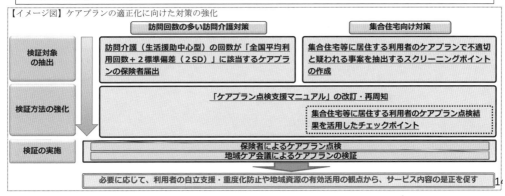

（厚生労働省資料より）

※平成30年10月から適用される回数は、介護保険最新情報vol.652「『厚生労働大臣が定める回数及び訪問介護』の公布について」平成30年5月10日厚生労働省老健局振興課長通知を参照

5　障害福祉制度の相談支援専門員との密接な連携

介護保険法改正では、地域共生社会の実現に向け、共生型サービスも導入されました。居宅介護支援事業所の介護支援専門員については、障害福祉サービスを利用してきた

た障害者が介護保険サービスを利用する場合等に、ケアマネジャーと障害福祉制度の相談支援専門員との密接な連携を促進するため、指定居宅介護支援事業者が特定相談支援事業者との連携に努める必要があることが運営基準に規定されました。

Ⅴ 利用者負担

1 利用者負担の見直し（3割負担の導入）

（厚生労働省資料より一部改）

2 補足給付の見直し（資産要件等の導入）

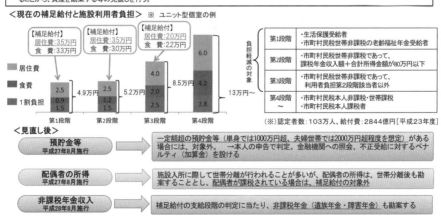

（厚生労働省資料より一部改）

3　保険料の低所得者軽減強化

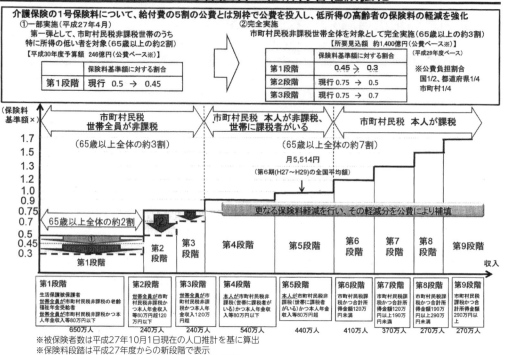

（厚生労働省資料より）

※第7期介護保険料の全国平均は、5,869円（第6期5,514円）（＋6.4％）

Ⅵ 第7期介護保険事業計画のポイント

第7期介護保険事業（支援）計画に関する基本指針の策定について

基本指針とは

- 介護保険法において、厚生労働大臣は、介護保険事業に係る保険給付の円滑な実施を確保するための基本的な指針（以下「基本指針」という。）を定めることとされている。
- 都道府県及び市町村は、基本指針に即して、3年を一期とする都道府県介護保険事業支援計画及び市町村介護保険事業計画を定めることとされており、基本指針は計画作成上のガイドラインの役割を果たしている。

第7期基本指針のポイント

- 高齢者の自立支援・重度化防止に向けた保険者機能の強化の推進
- 「我が事・丸ごと」、地域共生社会の推進
- 平成30年度から同時スタートとなる医療計画等との整合性の確保
- 介護を行う家族への支援や虐待防止対策の推進
- 「介護離職ゼロ」に向けた、介護をしながら仕事を続けることができるようなサービス基盤の整備

【図34】第7期介護保険事業計画の策定プロセスと支援ツール

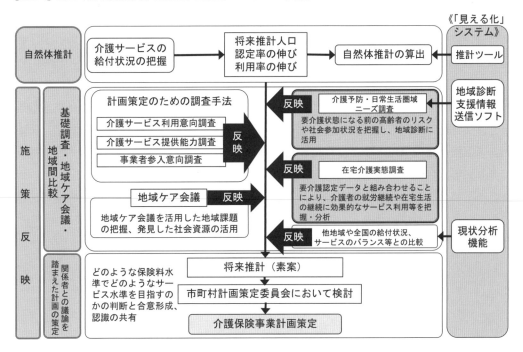

（平成29年7月2全国介護保険担当課長会議「介護保険計画課」資料より）

Ⅶ その他

1 事業者情報の公表

1 公表する介護保険事業者情報

調査	・都道府県が必要と認める場合に実施 ・都道府県において指針、国においてガイドラインを作成 ・基本情報も調査対象とする
手数料	・公表・調査事務の効率化により低減を図る ・地方自治法に基づき手数料を徴収することが可能
公表される情報	・基本情報 ・運営情報（旧調査情報） ・任意報告情報（介護サービスの質や介護従事者に関する情報） ・事業所より年1回報告
公表対象サービス	・介護予防については、本体サービスと一体的に運営されている場合は、報告の一体化を可能にする
公表システムサーバー	・国がサーバーを一元的に管理 ・各都道府県は、国設置のサーバーを活用して公表事務を実施することが可能
虚偽報告への対応	・是正措置を明示、命令に従わない場合には、指定取消し、又は停止

＊介護保険法第115条の35及び「介護サービス情報の公表」制度における指針策定の調査に関するガイドライン（平成24年3月13日厚生労働省老健局振興課長通知）、社会福祉法第75条より

＊介護保険法上の公表対象のサービスの種類は、全サービスが対象。小規模多機能型居宅介護と認知症対応型共同生活介護は、第三者サービス評価が義務付けられている。介護保険法上の情報公表とは別に、社会福祉法において、特別養護老人ホームの第三者サービス評価が義務付けられている。

＊区市町村は、住民同士の支え合いサービスなどの地域の社会資源についての情報のきめ細かな発信が求められる。

2 平成27年度追加分

介護サービス情報公表制度見直しの全体像

○ 地域包括ケアシステム構築の観点から、現在公表されている介護サービス事業所の他に、地域包括支援センターと配食や見守り等の生活支援の情報について、本公表制度を活用し、広く国民に情報発信を行う。
　また、通所介護の設備を利用して提供している法定外の宿泊サービスの情報も公表。
○ 今後、介護人材の確保が重要となる中、各事業所における雇用管理の取組を推進することが重要であり、現行の従業者等に関する情報公表の仕組みについて、円滑に事業所が情報を公表できるよう見直しを行う。
○ インターネットを通じて情報を入手することができない方に対しても、地域包括支援センター等で情報公表システムを活用して分かりやすく情報提供するなどの工夫が必要。

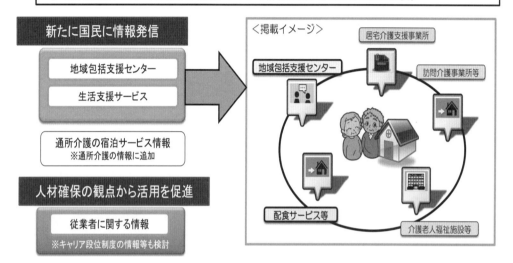

（厚生労働省資料より）

3 情報公表の指定都市への権限委譲（平成30年度改正）

○ 介護サービス情報公表に係る権限の指定都市への委譲（政令事項）

　平成30年4月1日から、介護サービス情報公表に係る事務・権限が都道府県から、指定都市に委譲されました。政令については30年度中に公布予定です。

第2部
資料編

1 指定居宅介護支援等の事業の人員及び運営に関する基準（抜粋）............ 80
2 介護報酬の改定... 85
3 平成30年度介護報酬改定に関するQ&A（抜粋）................................. 89
　参考　平成30年度介護報酬改定に関する審議報告（抜粋）.................. 110
4 指定居宅サービス等の事業の人員、設備及び運営に関する基準等の改正等の
　主な内容... 129
5 平成30年度改正介護保険法（抜粋）... 137
6 「地域包括ケアシステムの強化のための介護保険法等の一部を改正する法律」
　の概要.. 148
7 基本チェックリスト... 151
8 介護支援専門員研修制度... 152
9 人生の最終段階における医療・ケアの決定プロセスに関するガイドライン...... 154
10 障害高齢者及び認知症高齢者の自立度の定義.................................... 156
11 高齢者虐待防止法と虐待の定義... 158
12 身体拘束について.. 159
13 成年後見制度と福祉サービス利用援助事業....................................... 160
14 リハビリテーション.. 161
15 社会福祉法人制度改革... 163
16 その他... 165

1 指定居宅介護支援等の事業の人員及び運営に関する基準(抜粋)
(平成11年3月31日厚生省令第38号・最終改正平成30年1月18日厚生労働省令第4号)

(基本方針)
　第1条の2　指定居宅介護支援の事業は、要介護状態となった場合においても、その利用者が可能な限りその居宅において、その有する能力に応じ自立した日常生活を営むことができるように配慮して行われるものでなければならない。
2　指定居宅介護支援の事業は、利用者の心身の状況、その置かれている環境等に応じて、利用者の選択に基づき、適切な保健医療サービス及び福祉サービスが、多様な事業者から、総合的かつ効率的に提供されるよう配慮して行われるものでなければならない。
3　指定居宅介護支援事業者は、指定居宅介護支援の提供に当たっては、利用者の意思及び人格を尊重し、常に利用者の立場に立って、利用者に提供される指定居宅サービス等が特定の種類又は特定の指定居宅サービス事業者等に不当に偏することのないよう、公正中立に行われなければならない。
4　指定居宅介護支援事業者は、事業の運営に当たっては、市町村、地域包括支援センター、老人福祉法に規定する老人介護支援センター、他の指定居宅介護支援事業者、指定介護予防支援事業者、介護保険施設、障害者の日常生活及び社会生活を総合的に支援するための法律に規定する指定特定相談支援事業者等との連携に努めなければならない。

(管理者)
　第3条　指定居宅介護支援事業者は、指定事業所ごとに常勤の管理者を置かなければならない。
2　前項に規定する管理者は、介護保険法施行規則第140条の66第1号イ(3)に規定する主任介護支援専門員でなければならない。
3　第1項に規定する管理者は、専らその職務に従事する者でなければならない。ただし、次に掲げる場合は、この限りでない。
一　管理者がその管理する指定居宅介護支援事業所の介護支援専門員の職務に従事する場合
二　管理者が同一敷地内にある他の事業所の職務に従事する場合(その管理する指定居宅介護支援事業所の管理に支障がない場合に限る。)

(内容及び手続の説明及び同意)
　第4条　指定居宅介護支援事業者は、指定居宅介護支援の提供の開始に際し、あらかじめ、利用申込者又はその家族に対し、運営規程の概要その他の利用申込者のサービスの選択に資すると認められる重要事項を記した文書を交付して説明を行い、当該提供の開始について利用申込者の同意を得なければならない。
2　指定居宅介護支援事業者は、指定居宅介護支援の提供の開始に際し、あらかじめ、居宅サービス計画が第1条の2に規定する基本方針及び利用者の希望に基づき作成されるものであり、利用者は複数の指定居宅サービス事業者等を紹介するよう求めることができること等につき説明を行

い、理解を得なければならない。
3　指定居宅介護支援事業者は、指定居宅介護支援の提供の開始に際し、あらかじめ、利用者又はその家族に対し、利用者について、病院又は診療所に入院する必要が生じた場合には、当該利用者に係る介護支援専門員の氏名及び連絡先を当該病院又は診療所に伝えるよう求めなければならない。
4　指定居宅介護支援事業者は、利用申込者又はその家族からの申出があった場合には、第1項の規定による文書の交付に代えて、第6項で定めるところにより、当該利用申込者又はその家族の承諾を得て、当該文書に記すべき重要事項を電子情報処理組織を使用する方法その他の情報通信の技術を利用する方法であって次に掲げるもの(以下この条において「電磁的方法」という。)により提供することができる。この場合において、当該指定居宅介護支援事業者は、当該文書を交付したものとみなす。　(略)

(指定居宅介護支援の基本取扱方針)
第12条　指定居宅介護支援は、要介護状態の軽減又は悪化の防止に資するよう行われるとともに、医療サービスとの連携に十分配慮して行われなければならない。
2　指定居宅介護支援事業者は、自らその提供する指定居宅介護支援の質の評価を行い、常にその改善を図らなければならない。

(指定居宅介護支援の具体的取扱方針)
第13条　指定居宅介護支援の方針は、第1条の2に規定する基本方針及び前条に規定する基本取扱方針に基づき、次に掲げるところによるものとする。
一　指定居宅介護支援事業所の管理者は、介護支援専門員に居宅サービス計画の作成に関する業務を担当させるものとする。
二　指定居宅介護支援の提供に当たっては、懇切丁寧に行うことを旨とし、利用者又はその家族に対し、サービスの提供方法等について、理解しやすいように説明を行う。
三　介護支援専門員は、居宅サービス計画の作成に当たっては、利用者の自立した日常生活の支援を効果的に行うため、利用者の心身又は家族の状況等に応じ、継続的かつ計画的に指定居宅サービス等の利用が行われるようにしなければならない。
四　介護支援専門員は、居宅サービス計画の作成に当たっては、利用者の日常生活全般を支援する観点から、介護給付等対象サービス以外の保健医療サービス又は福祉サービス、当該地域の住民による自発的な活動によるサービス等の利用も含めて居宅サービス計画上に位置付けるよう努めなければならない。
五　介護支援専門員は、居宅サービス計画の作成の開始に当たっては、利用者によるサービスの選択に資するよう、当該地域における指定居宅サービス事業者等に関するサービスの内容、利用料等の情報を適正に利用者又はその家族に対して提供するものとする。
六　介護支援専門員は、居宅サービス計画の作成に当たっては、適切な方法により、利用者について、その有する能力、既に提供を受けている指定居宅サービス等のその置かれている環境等の評価を通じて利用者が現に抱える問題点を明らかにし、利用者が自立した日常生活を営むことがで

きるように支援する上で解決すべき課題を把握しなければならない。

七　介護支援専門員は、前号に規定する解決すべき課題の把握に当たっては、利用者の居宅を訪問し、利用者及びその家族に面接して行わなければならない。この場合において、介護支援専門員は、面接の趣旨を利用者及びその家族に対して十分に説明し、理解を得なければならない。

八　介護支援専門員は、利用者の希望及び利用者についてのアセスメントの結果に基づき、利用者の家族の希望及び当該地域における指定居宅サービス等が提供される体制を勘案して、当該アセスメントにより把握された解決すべき課題に対応するための最も適切なサービスの組合せについて検討し、利用者及びその家族の生活に対する意向、総合的な援助の方針、生活全般の解決すべき課題、提供されるサービスの目標及びその達成時期、サービスの種類、内容及び利用料並びにサービスを提供する上での留意事項等を記載した居宅サービス計画の原案を作成しなければならない。

九　介護支援専門員は、サービス担当者会議の開催により、利用者の状況等に関する情報を担当者と共有するとともに、当該居宅サービス計画の原案の内容について、担当者から、専門的な見地からの意見を求めるものとする。ただし、利用者(末期の悪性腫瘍の患者に限る。)の心身の状況等により、主治の医師又は歯科医師の意見を勘案して必要と認める場合その他のやむを得ない理由がある場合については、担当者に対する照会等により意見を求めることができるものとする。

十　介護支援専門員は、居宅サービス計画の原案に位置付けた指定居宅サービス等について、保険給付の対象となるかどうかを区分した上で、当該居宅サービス計画の原案の内容について利用者又はその家族に対して説明し、文書により利用者の同意を得なければならない。

十一　介護支援専門員は、居宅サービス計画を作成した際には、当該居宅サービス計画を利用者及び担当者に交付しなければならない。

十二　介護支援専門員は、居宅サービス計画に位置付けた指定居宅サービス事業者等に対して、訪問介護計画等指定居宅サービス等基準において位置付けられている計画の提出を求めるものとする。

十三　介護支援専門員は、居宅サービス計画の作成後、居宅サービス計画の実施状況の把握を行い、必要に応じて居宅サービス計画の変更、指定居宅サービス事業者等との連絡調整その他の便宜の提供を行うものとする。

十三の二　介護支援専門員は、指定居宅サービス事業者等から利用者に係る情報の提供を受けたときその他必要と認めるときは、利用者の服薬状況、口腔機能その他の利用者の心身又は生活の状況に係る情報のうち必要と認めるものを、利用者の同意を得て主治の医師若しくは歯科医師又は薬剤師に提供するものとする。

十四　介護支援専門員は、第13号に規定する実施状況の把握に当たっては、利用者及びその家族、指定居宅サービス事業者等との連絡を継続的に行うこととし、特段の事情のない限り、次に定めるところにより行わなければならない。

イ　少なくとも一月に一回、利用者の居宅を訪問し、利用者に面接すること。

ロ　少なくとも一月に一回、モニタリングの結果を記録すること。

十五　介護支援専門員は、次に掲げる場合においては、サービス担当者会議の開催により、居宅サービス計画の変更の必要性について、担当者から、専門的な見地からの意見を求めるものとす

る。ただし、やむを得ない理由がある場合については、担当者に対する照会等により意見を求めることができるものとする。

イ 要介護認定を受けている利用者が法第28条第2項に規定する要介護更新認定を受けた場合

ロ 要介護認定を受けている利用者が法第29条第1項に規定する要介護状態区分の変更の認定を受けた場合

十六 第3号から第12号までの規定は、第13号に規定する居宅サービス計画の変更について準用する。

十七 介護支援専門員は、適切な保健医療サービス及び福祉サービスが総合的かつ効率的に提供された場合においても、利用者がその居宅において日常生活を営むことが困難となったと認める場合又は利用者が介護保険施設への入院又は入所を希望する場合には、介護保険施設への紹介その他の便宜の提供を行うものとする。

十八 介護支援専門員は、介護保険施設等から退院又は退所しようとする要介護者から依頼があった場合には、居宅における生活へ円滑に移行できるよう、あらかじめ、居宅サービス計画の作成等の援助を行うものとする。

十九 介護支援専門員は、利用者が訪問看護、通所リハビリテーション等の医療サービスの利用を希望している場合その他必要な場合には、利用者の同意を得て主治の医師等の意見を求めなければならない。

十九の二 前号の場合において、介護支援専門員は、居宅サービス計画を作成した際には、当該居宅サービス計画を主治の医師等に交付しなければならない。

二十 介護支援専門員は、居宅サービス計画に訪問看護、通所リハビリテーション等の医療サービスを位置付ける場合にあっては、当該医療サービスに係る主治の医師等の指示がある場合に限りこれを行うものとし、医療サービス以外の指定居宅サービス等を位置付ける場合にあっては、当該指定居宅サービス等に係る主治の医師等の医学的観点からの留意事項が示されているときは、当該留意点を尊重してこれを行うものとする。

二十一 介護支援専門員は、居宅サービス計画に短期入所生活介護又は短期入所療養介護を位置付ける場合にあっては、利用者の居宅における自立した日常生活の維持に十分に留意するものとし、利用者の心身の状況等を勘案して特に必要と認められる場合を除き、短期入所生活介護及び短期入所療養介護を利用する日数が要介護認定の有効期間のおおむね半数を超えないようにしなければならない。

二十二 介護支援専門員は、居宅サービス計画に福祉用具貸与を位置付ける場合にあっては、その利用の妥当性を検討し、当該計画に福祉用具貸与が必要な理由を記載するとともに、必要に応じて随時サービス担当者会議を開催し、継続して福祉用具貸与を受ける必要性について検証をした上で、継続して福祉用具貸与を受ける必要がある場合にはその理由を居宅サービス計画に記載しなければならない。

二十三 介護支援専門員は、居宅サービス計画に特定福祉用具販売を位置付ける場合にあっては、その利用の妥当性を検討し、当該計画に特定福祉用具販売が必要な理由を記載しなければならない。

二十四 介護支援専門員は、利用者が提示する被保険者証に、法第73条2項に規定する認定審査

会意見又は法第37条第１項の規定による指定に係る居宅サービス若しくは地域密着型サービスの種類についての記載がある場合には、利用者にその趣旨(同条第一項の規定による指定に係る居宅サービス若しくは地域密着型サービスの種類については、その変更の申請ができることを含む。)を説明し、理解を得た上で、その内容に沿って居宅サービス計画を作成しなければならない。

二十五　介護支援専門員は、要介護認定を受けている利用者が要支援認定を受けた場合には、指定介護予防支援事業者と当該利用者に係る必要な情報を提供する等の連携を図るものとする。

二十六　指定居宅介護支援事業者は、法第115条の23第３項の規定に基づき、指定介護予防支援事業者から指定介護予防支援の業務の委託を受けるに当たっては、その業務量等を勘案し、当該指定居宅介護支援事業者が行う指定居宅介護支援の業務が適正に実施できるよう配慮しなければならない。

二十七　指定居宅介護支援事業者は、法第115条の48第４項の規定に基づき、同条第１項に規定する会議から、同条第２項の検討を行うための資料又は情報の提供、意見の開陳その他必要な協力の求めがあった場合には、これに協力するよう努めなければならない。

　　附　則　(平成30年１月18日厚生労働省令第４号)　（略）
　第３条　平成33年３月31日までの間は、第２条の規定による改正後の指定居宅介護支援等基準第３条第２項の規定にかかわらず、介護支援専門員(介護保険法施行規則(平成11年厚生省令第36号)第140条の66第１号イ(3)に規定する主任介護支援専門員を除く。)を指定居宅介護支援等基準第３条第１項に規定する管理者とすることができる。

2　介護報酬の改定

(1) 居宅介護支援　基本報酬

単位数

○居宅介護支援（Ⅰ）
・ケアマネジャー1人当たりの取扱件数が40未満である場合又は40以上である場合において、40未満の部分

	＜現行＞	＜改定後＞
（一）要介護1又は要介護2	1042単位／月 ⇒	1053単位／月
（二）要介護3、要介護4又は要介護5	1353単位／月 ⇒	1368単位／月

○居宅介護支援（Ⅱ）
・ケアマネジャー1人当たりの取扱件数が40以上である場合において、40以上60未満の部分

	＜現行＞	＜改定後＞
（一）要介護1又は要介護2	521単位／月 ⇒	527単位／月
（二）要介護3、要介護4又は要介護5	677単位／月 ⇒	684単位／月

○居宅介護支援（Ⅲ）
・ケアマネジャー1人当たりの取扱件数が40以上である場合において、60以上の部分

	＜現行＞	＜改定後＞
（一）要介護1又は要介護2	313単位／月 ⇒	316単位／月
（二）要介護3、要介護4又は要介護5	406単位／月 ⇒	410単位／月

(2) 医療と介護の連携の強化(入院時情報連携加算の見直し)

概要　※ⅰは介護予防支援を含み、ⅱ及びⅲは介護予防支援を含まない

ア　入院時における医療機関との連携促進
　入院時における医療機関との連携を促進する観点から、以下の見直しを行う。
ⅰ　居宅介護支援の提供の開始に当たり、利用者等に対して、入院時に担当ケアマネジャーの氏名等を入院先医療機関に提供するよう依頼することを義務づける。【省令改正】
ⅱ　入院時情報連携加算について、入院後3日以内の情報提供を新たに評価するとともに、情報提供の方法による差は設けないこととする。
ⅲ　より効果的な連携となるよう、入院時に医療機関が求める利用者の情報を様式例として示すこととする。
【通知改正】

単位数

【ⅱについて】
＜現行＞　　　　　　　　　　　　　　　　＜改定後＞
入院時情報連携加算（Ⅰ）　200単位／月　⇒　入院時情報連携加算（Ⅰ）　200単位／月
入院時情報連携加算（Ⅱ）　100単位／月　⇒　入院時情報連携加算（Ⅱ）　100単位／月

算定要件等

【ⅱについて】
＜現行＞
　入院時情報連携加算（Ⅰ）
　・入院後7日以内に医療機関を訪問して情報提供
　入院時情報連携加算（Ⅱ）
　・入院後7日以内に訪問以外の方法で情報提供

　※（Ⅰ）（Ⅱ）の同時算定不可

＜改定後＞
　入院時情報連携加算（Ⅰ）
　・入院後3日以内に情報提供（提供方法は問わない）
　入院時情報連携加算（Ⅱ）
　・入院後7日以内に情報提供（提供方法は問わない）

　※（Ⅰ）（Ⅱ）の同時算定不可

(3) 医療と介護の連携の強化(退所・退所加算の見直し)

概要 ※介護予防支援は含まない

イ 退院・退所後の在宅生活への移行に向けた医療機関等との連携促進
　退院・退所後の在宅生活への移行に向けた医療機関や介護保険施設等との連携を促進する観点から、退院・退所加算を以下のとおり見直す。
　i 退院・退所時におけるケアプランの初回作成の手間を明確に評価する。
　ii 医療機関等との連携回数に応じた評価とする。
　iii 加えて、医療機関におけるカンファレンスに参加した場合を上乗せで評価する。
　また、退院・退所時にケアマネジャーが医療機関等から情報収集する際の聞き取り事項を整理した様式例について、退院・退所後に必要な事柄を充実させる等、必要な見直しを行うこととする。【通知改正】

単位数

<現行>
退院・退所加算

	カンファレンス参加 無	カンファレンス参加 有
連携1回	300単位	300単位
連携2回	600単位	600単位
連携3回	×	900単位

⇒

<改定後>
退院・退所加算

	カンファレンス参加 無	カンファレンス参加 有
連携1回	450単位	600単位
連携2回	600単位	750単位
連携3回	×	900単位

算定要件等

○ 医療機関や介護保険施設等を退院・退所し、居宅サービス等を利用する場合において、退院・退所にあたって医療機関等の職員と面談を行い、利用者に関する必要な情報を得た上でケアプランを作成し、居宅サービス等の利用に関する調整を行った場合に算定する。
　ただし、「連携3回」を算定できるのは、そのうち1回以上について、入院中の担当医等との会議(退院時カンファレンス等)に参加して、退院・退所後の在宅での療養上必要な説明を行った上でケアプランを作成し、居宅サービス等の利用に関する調整を行った場合に限る。
※ 入院又は入所期間中につき1回を限度。また、初回加算との同時算定不可。

(4) 医療と介護の連携の強化(特定事業所加算の見直し)

概要 ※ウは介護予防支援を含み、エは介護予防支援は含まない

ウ 平時からの医療機関との連携促進
　i 利用者が医療系サービスの利用を希望している場合等は、利用者の同意を得て主治の医師等の意見を求めることとされているが、この意見を求めた主治の医師等に対してケアプランを交付することを義務づける。【省令改正】
　ii 訪問介護事業所等から伝達された利用者の口腔に関する問題や服薬状況、モニタリング等の際にケアマネジャー自身が把握した利用者の状態等について、ケアマネジャーから主治の医師や歯科医師、薬剤師に必要な情報伝達を行うことを義務づける。【省令改正】

エ 医療機関等との総合的な連携の促進
　特定事業所加算について、医療機関等と総合的に連携する事業所を更に評価する。(平成31年度から施行)

単位数

○エについて
　<現行>　　　　　<改定後>
　なし　　⇒　　特定事業所加算(Ⅳ)　125単位／月(新設)

算定要件等

<エについて>
○特定事業所加算(Ⅰ)~(Ⅲ)のいずれかを取得し、かつ、退院・退所加算の算定に係る医療機関等との連携を年間35回以上行うとともに、ターミナルケアマネジメント加算(新設:次頁参照)を年間5回以上算定している事業所

(5) 末期の悪性腫瘍の利用者に対するケアマネジメント

概要 ※介護予防支援は含まない

ア　ケアマネジメントプロセスの簡素化
　　著しい状態の変化を伴う末期の悪性腫瘍の利用者については、主治の医師等の助言を得ることを前提として、サービス担当者会議の招集を不要とすること等によりケアマネジメントプロセスを簡素化する。【省令改正】

イ　頻回な利用者の状態変化等の把握等に対する評価の創設
　　末期の悪性腫瘍の利用者又はその家族の同意を得た上で、主治の医師等の助言を得つつ、ターミナル期に通常よりも頻回な訪問により利用者の状態変化やサービス変更の必要性を把握するとともに、そこで把握した利用者の心身の状況等の情報を記録し、主治の医師等や居宅サービス事業者へ提供した場合を新たに評価する。

単位数

○イについて
　　　　＜現行＞　　　　　　＜改定後＞
　　　　　なし　　　⇒　　ターミナルケアマネジメント加算　400単位／月（新設）

算定要件等

＜イについて＞
○対象利用者
・末期の悪性腫瘍であって、在宅で死亡した利用者（在宅訪問後、24時間以内に在宅以外で死亡した場合を含む）

○算定要件
・24時間連絡がとれる体制を確保し、かつ、必要に応じて、指定居宅介護支援を行うことができる体制を整備
・利用者又はその家族の同意を得た上で、死亡日及び死亡日前14日以内に2日以上在宅を訪問し、主治の医師等の助言を得つつ、利用者の状態やサービス変更の必要性等の把握、利用者への支援を実施
・訪問により把握した利用者の心身の状況等の情報を記録し、主治の医師等及びケアプランに位置付けた居宅サービス事業者へ提供

(6) 質の高いケアマネジメントの推進

概要 ※介護予防支援は含まない

ア　管理者要件の見直し
　　居宅介護支援事業所における人材育成の取組を促進するため、主任ケアマネジャーであることを管理者の要件とする。その際、3年間の経過措置期間を設けることとする。【省令改正】

イ　地域における人材育成を行う事業者に対する評価
　　特定事業所加算について、他法人が運営する居宅介護支援事業所への支援を行う事業所など、地域のケアマネジメント機能を向上させる取組を評価することとする。

単位数

○イについて
　　　　　　　　　　　＜現行＞　　　　　　　＜改定後＞
　特定事業所加算（Ⅰ）　500単位／月　　⇒　　変更なし
　特定事業所加算（Ⅱ）　400単位／月　　⇒　　変更なし
　特定事業所加算（Ⅲ）　300単位／月　　⇒　　変更なし

算定要件等

＜イについて＞
○特定事業所加算（Ⅰ）～（Ⅲ）共通
・他法人が運営する居宅介護支援事業者と共同の事例検討会・研究会等の実施を要件に追加する。

○特定事業所加算（Ⅱ）（Ⅲ）
・地域包括支援センター等が実施する事例検討会等への参加を要件に追加する。（現行は（Ⅰ）のみ）

(7) 公正中立なケアマネジメントの確保（契約時の説明等）

概要 ※一部を除き介護予防支援を含む

ア 契約時の説明等
　利用者の意思に基づいた契約であることを確保するため、利用者やその家族に対して、利用者はケアプランに位置付ける居宅サービス事業所について、複数の事業所の紹介を求めることが可能であることや当該事業所をケアプランに位置付けた理由を求めることが可能であることを説明することを義務づけ、これらに違反した場合は報酬を減額する。
　なお、例えば、集合住宅居住者において、特定の事業者のサービス利用が入居条件とされ、利用者の意思、アセスメント等を勘案せずに、利用者にとって適切なケアプランの作成が行われていない実態があるとの指摘も踏まえ、利用者の意思に反して、集合住宅と同一敷地内等の居宅サービス事業所のみをケアプランに位置付けることは適切ではないことを明確化する。【通知改正】

単位数

	<現行>		<改定後>
運営基準減算	所定単位数の50／100に相当する単位数	⇒	変更なし

算定要件等

○ 以下の要件を追加する。

利用者やその家族に対して、利用者はケアプランに位置付ける居宅サービス事業所について、
・　複数の事業所の紹介を求めることが可能であること
・　当該事業所をケアプランに位置付けた理由を求めることが可能であること
の説明を行わなかった場合。

(8) 公正中立なケアマネジメントの確保（特定事業所集中減算の見直し）

概要 ※介護予防支援は含まない

イ 特定事業所集中減算の対象サービスの見直し
　特定事業所集中減算について、請求事業所数の少ないサービスや、主治の医師等の指示により利用するサービス提供事業所が決まる医療系サービスは対象サービスから除外する。なお、福祉用具貸与については、事業所数にかかわらずサービスを集中させることも可能であることから対象とする。

単位数

	<現行>		<改定後>
特定事業所集中減算	200単位／月減算	⇒	変更なし

算定要件等

○ 対象となる「訪問介護サービス等」を以下のとおり見直す。

　<現行>
　　訪問介護、訪問入浴介護、訪問看護、訪問リハビリテーション、通所介護、通所リハビリテーション、短期入所生活介護、短期入所療養介護、特定施設入居者生活介護（※）、福祉用具貸与、定期巡回・随時対応型訪問介護看護、夜間対応型訪問介護、地域密着型通所介護、認知症対応型通所介護、小規模多機能型居宅介護（※）、認知症対応型共同生活介護（※）、地域密着型特定施設入居者生活介護（※）、看護小規模多機能型居宅介護（※）
　　　　　　　　　　　　　　　　　　　　　　　　　　　　（※）利用期間を定めて行うものに限る。
　<改定後>
　　訪問介護、通所介護、地域密着型通所介護、福祉用具貸与

(9) 障害福祉制度の相談支援専門員との密接な連携

概要 ※介護予防支援を含む

○ 障害福祉サービスを利用してきた障害者が介護保険サービスを利用する場合等における、ケアマネジャーと障害福祉制度の相談支援専門員との密接な連携を促進するため、指定居宅介護支援事業者が特定相談支援事業者との連携に努める必要がある旨を明確にする。【省令改正】

3 平成30年度介護報酬改定に関するQ&A（抜粋）
（Vol.1 平成30年3月23日, Vol.2 平成30年3月28日,）

【居宅介護支援】
○ 契約時の説明について

> 問131 今回の改正により、利用者の意思に基づいた契約であることを確保するため、利用者やその家族に対して、利用者はケアプランに位置付ける居宅サービス事業所について、複数の事業所の紹介を求めることが可能であること等を説明することを義務づけ、それに違反した場合は報酬が減額されるが、平成30年4月以前に指定居宅介護支援事業者と契約を結んでいる利用者に対しては、どのように取り扱うのか。

（答）
　平成30年4月以前に契約を結んでいる利用者については、次のケアプランの見直し時に説明を行うことが望ましい。

≪参考≫
・第4条第2号
　指定居宅介護支援事業者は、指定居宅介護支援の提供の開始に際し、あらかじめ、居宅サービス計画が第1条の2に規定する基本方針及び利用者の希望に基づき作成されるものであり、利用者は複数の指定居宅サービス事業者等を紹介するよう求めることができること等につき説明を行い、理解を得なければならない。

・通知：第2の3（1）
　基準第4条は、基本理念としての高齢者自身によるサービス選択を具体化したものである。利用者は指定居宅サービスのみならず、指定居宅介護支援事業者についても自由に選択できることが基本であり、指定居宅介護支援事業者は、利用申込があった場合には、あらかじめ、当該利用申込者又はその家族に対し、当該指定居宅介護支援事業所の運営規程の概要、介護支援専門員の勤務の体制、秘密の保持、事故発生時の対応、苦情処理の体制等の利用申込者がサービスを選択するために必要な重要事項を説明書やパンフレット等の文書を交付して説明を行い、当該指定居宅介護支援事業所から居宅介護支援を受けることにつき同意を得なければならないこととしたものである。なお、当該同意については、利用者及び指定居宅介護支援事業者双方の保護の立場から書面によって確認することが望ましいものである。
　また、指定居宅介護支援は、利用者の意思及び人格を尊重し、常に利用者の立場に立って行われるものであり、居宅サービス計画は基準第1条の2の基本方針及び利用者の希望に基づき作成されるものである。このため、指定居宅介護支援について利用者の主体的な参加が重要であり、居宅サービス計画の作成にあたって利用者から介護支援専門員に対して複数の指定居宅サービス事業者等の紹介を求めることや、居宅サービス計画原案に位置付けた指定居宅サービス事業者等の選定理由の説明を求めることが可能であること等につき十分説明を行わなければならない。なお、この内容を利用申込者又はその家族に説明するに当たっては、理解が得られるよう、文書の交付に加えて口頭での説明を懇切丁寧に行うとともに、それを理解したことについて必ず利用申込者から署名を

得なければならない。

　また、利用者が病院又は診療所に入院する場合には、利用者の居宅における日常生活上の能力や利用していた指定居宅サービス等の情報を入院先医療機関と共有することで、医療機関における利用者の退院支援に資するとともに、退院後の円滑な在宅生活への移行を支援することにもつながる。基準第4条第3項は、指定居宅介護支援事業者と入院先医療機関との早期からの連携を促進する観点から、利用者が病院又は診療所に入院する必要が生じた場合には担当の介護支援専門員の氏名及び連絡先を当該病院又は診療所に伝えるよう、利用者又はその家族に対し事前に協力を求める必要があることを規定するものである。なお、より実効性を高めるため、日頃から介護支援専門員の連絡先等を介護保険被保険者証や健康保険被保険者証、お薬手帳等と合わせて保管することを依頼しておくことが望ましい。

○ 主治の医師について

> 問132　末期の悪性腫瘍の利用者に関するケアマネジメントプロセスの簡素化における「主治の医師」については、「利用者の最新の心身の状態、受診中の医療機関、投薬内容等を一元的に把握している医師」とされたが、具体的にどのような者を想定しているのか。

（答）
　訪問診療を受けている末期の悪性腫瘍の利用者については、診療報酬における在宅時医学総合管理料又は在宅がん医療総合診療料を算定する医療機関の医師を「主治の医師」とすることが考えられる。これらの医師については、居宅介護支援専門員に対し、病状の変化等について適時情報提供を行うこととされていることから、連絡を受けた場合には十分な連携を図ること。また、在宅時医学総合管理料等を算定していない末期の悪性腫瘍の利用者の場合でも、家族等からの聞き取りにより、かかりつけ医として定期的な診療と総合的な医学管理を行っている医師を把握し、当該医師を主治の医師とすることが望ましい。

≪参考≫
・第13条第9号
　介護支援専門員は、サービス担当者会議（介護支援専門員が居宅サービス計画の作成のために、利用者及びその家族の参加を基本としつつ、居宅サービス計画の原案に位置付けた指定居宅サービス等の担当者（以下この条において「担当者」という。）を召集して行う会議をいう。以下同じ。）の開催により、利用者の状況等に関する情報を担当者と共有するとともに、当該居宅サービス計画の原案の内容について、担当者から、専門的な見地からの意見を求めるものとする。ただし、利用者（末期の悪性腫瘍の患者に限る。）の心身の状況等により、主治の医師又は歯科医師（以下この条において「主治の医師等」という。）の意見を勘案して必要と認める場合その他のやむを得ない理由がある場合については、担当者に対する照会等により意見を求めることができるものとする。
・通知：第2の3（7）⑨
　介護支援専門員は、効果的かつ実現可能な質の高い居宅サービス計画とするため、各サービスが共通の目標を達成するために具体的なサービスの内容として何ができるかなどについて、利用者やその家族、居宅サービス計画原案に位置付けた指定居宅サービス等の担当者からなるサービス担当

者会議の開催により、利用者の状況等に関する情報を当該担当者と共有するとともに、専門的な見地からの意見を求め調整を図ることが重要である。なお、利用者やその家族の参加が望ましくない場合（家庭内暴力等）には、必ずしも参加を求めるものではないことに留意されたい。また、やむを得ない理由がある場合については、サービス担当者に対する照会等により意見を求めることができるものとしているが、この場合にも、緊密に相互の情報交換を行うことにより、利用者の状況等についての情報や居宅サービス計画原案の内容を共有できるようにする必要がある。なお、ここでいうやむを得ない理由がある場合とは、利用者（末期の悪性腫瘍の患者に限る。）の心身の状況等により、主治の医師又は歯科医師（以下「主治の医師等」という。）の意見を勘案して必要と認める場合のほか、開催の日程調整を行ったが、サービス担当者の事由により、サービス担当者会議への参加が得られなかった場合、居宅サービス計画の変更であって、利用者の状態に大きな変化が見られない等における軽微な変更の場合等が想定される。

また、末期の悪性腫瘍の利用者について必要と認める場合とは、主治の医師等が日常生活上の障害が1ヶ月以内に出現すると判断した時点以降において、主治の医師等の助言を得た上で、介護支援専門員がサービス担当者に対する照会等により意見を求めることが必要と判断した場合を想定している。なお、ここでいう「主治の医師等」とは、利用者の最新の心身の状態、受診中の医療機関、投薬内容等を一元的に把握している医師であり、要介護認定の申請のために主治医意見書を記載した医師に限定されないことから、利用者又はその家族等に確認する方法等により、適切に対応すること。また、サービス種類や利用回数の変更等を利用者に状態変化が生じるたびに迅速に行っていくことが求められるため、日常生活上の障害が出現する前に、今後利用が必要と見込まれる指定居宅サービス等の担当者を含めた関係者を招集した上で、予測される状態変化と支援の方向性について関係者間で共有しておくことが望ましい。

なお、当該サービス担当者会議の要点又は当該担当者への照会内容について記録するとともに、基準第29条の第2項の規定に基づき、当該記録は、2年間保存しなければならない。

○ 主治の医師若しくは歯科医師又は薬剤師への情報提供について

> 問133　基準第13条第13号の2に規定する「利用者の服薬状況、口腔機能その他の利用者の心身又は生活の状況に係る情報」について、解釈通知に記載のある事項のほかにどのようなものが想定されるか。

（答）

・解釈通知に記載のある事項のほか、主治の医師若しくは歯科医師又は薬剤師への情報提供が必要な情報については、主治の医師若しくは歯科医師又は薬剤師の助言が必要かどうかをもとに介護支援専門員が判断するものとする。
・なお、基準第13条第13号の2は、日頃の居宅介護支援の業務において介護支援専門員が把握したことを情報提供するものであり、当該規定の追加により利用者に係る情報収集について新たに業務負担を求めるものではない。

≪参考≫
・第13条第13号の2

介護支援専門員は、指定居宅サービス事業者等から利用者に係る情報の提供を受けたときその他必要と認めるときは、利用者の服薬状況、口腔機能その他の利用者の心身又は生活の状況に係る情報のうち必要と認めるものを、利用者の同意を得て主治の医師若しくは歯科医師又は薬剤師に提供するものとする。

・通知：第2の3（7）⑬
　指定居宅介護支援においては、利用者の有する解決すべき課題に即した適切なサービスを組み合わせて利用者に提供し続けることが重要である。このために介護支援専門員は、利用者の解決すべき課題の変化に留意することが重要であり、居宅サービス計画の作成後、居宅サービス計画の実施状況の把握（利用者についての継続的なアセスメントを含む。以下「モニタリング」という。）を行い、利用者の解決すべき課題の変化が認められる場合等必要に応じて居宅サービス計画の変更、指定居宅サービス事業者等との連絡調整その他の便宜の提供を行うものとする。

　なお、利用者の解決すべき課題の変化は、利用者に直接サービスを提供する指定居宅サービス事業者等により把握されることも多いことから、介護支援専門員は、当該指定居宅サービス事業者等のサービス担当者と緊密な連携を図り、利用者の解決すべき課題の変化が認められる場合には、円滑に連絡が行われる体制の整備に努めなければならない。

　また、利用者の服薬状況、口腔機能その他の利用者の心身又は生活の状況に係る情報は、主治の医師若しくは歯科医師又は薬剤師が医療サービスの必要性等を検討するにあたり有効な情報である。このため、指定居宅介護支援の提供に当たり、例えば、

・薬が大量に余っている又は複数回分の薬を一度に服用している
・薬の服用を拒絶している
・使いきらないうちに新たに薬が処方されている
・口臭や口腔内出血がある
・体重の増減が推測される見た目の変化がある
・食事量や食事回数に変化がある
・下痢や便秘が続いている
・皮膚が乾燥していたり湿疹等がある
・リハビリテーションの提供が必要と思われる状態にあるにも関わらず提供されていない

　等の利用者の心身又は生活状況に係る情報を得た場合は、それらの情報のうち、主治の医師若しくは歯科医師又は薬剤師の助言が必要であると介護支援専門員が判断したものについて、主治の医師若しくは歯科医師又は薬剤師に提供するものとする。なお、ここでいう「主治の医師」については、要介護認定の申請のために主治医意見書を記載した医師に限定されないことに留意すること。

○ 訪問介護が必要な理由について

> 問134　基準第13条第18号の2に基づき、市町村に居宅サービス計画を提出するにあたっては、訪問介護（生活援助中心型）の必要性について記載することとなっているが、居宅サービス計画とは別に理由書の提出が必要となるのか。

（答）
　当該利用者について、家族の支援を受けられない状況や認知症等の症状があることその他の事情により、訪問介護（生活援助中心型）の利用が必要である理由が居宅サービス計画の記載内容から分かる場合には、当該居宅サービス計画のみを提出すれば足り、別途理由書の提出を求めるものではない。

≪参考≫
・第13条第18号の2
　介護支援専門員は、居宅サービス計画に厚生労働大臣が定める回数以上の訪問介護（厚生労働大臣が定めるものに限る。以下この号において同じ。）を位置付ける場合にあっては、その利用の妥当性を検討し、当該居宅サービス計画に訪問介護が必要な理由を記載するとともに、当該居宅サービス計画を市町村に届け出なければならない。

・通知：第2の3（7）⑲
　訪問介護（指定居宅サービスに要する費用の額の算定に関する基準（平成12年厚生省告示第19号）別表指定居宅サービス介護給付費単位数表の1　訪問介護費の注3に規定する生活援助が中心である指定訪問介護に限る。以下この⑲において同じ。）の利用回数が統計的に見て通常の居宅サービス計画よりかけ離れている場合には、利用者の自立支援・重度化防止や地域資源の有効活用等の観点から、市町村が確認し、必要に応じて是正を促していくことが適当である。このため、基準第13条第18号の2は、一定回数（基準第13条第18号の2により厚生労働大臣が定める回数をいう。以下同じ。）以上の訪問介護を居宅サービス計画に位置づける場合にその必要性を当該居宅サービス計画に記載するとともに、当該居宅サービス計画を市町村に届け出なければならないことを規定するものである。届出にあたっては、当該月において作成又は変更（⑯における軽微な変更を除く。）した居宅サービス計画のうち一定回数以上の訪問介護を位置づけたものについて、翌月の末日までに市町村に届け出ることとする。なお、ここで言う当該月において作成又は変更した居宅サービス計画とは、当該月において利用者の同意を得て交付をした居宅サービス計画をいう。
　なお、基準第13条第18号の2については、平成30年10月1日より施行されるため、同年10月以降に作成又は変更した居宅サービス計画について届出を行うこと。

○ 特定事業所集中減算について

> 問135　平成28年5月30日事務連絡「居宅介護支援における特定事業所集中減算（通所介護・地域密着型通所介護）の取扱いについて」（介護保険最新情報Vol.553）において、特定事業所集中減算における通所介護及び地域密着型通所介護の紹介率の計算方法が示されているが、平成30年度以降もこの取扱いは同様か。

(答)
貴見のとおりである。

○ 特定事業所加算（Ⅰ）、（Ⅱ）及び（Ⅲ）について

> 問136　特定事業所加算（Ⅰ）、（Ⅱ）及び（Ⅲ）において、他の法人が運営する指定居宅介護支援事業者と共同で事例検討会、研修会等を実施することが要件とされ、解釈通知において、毎年度少なくとも次年度が始まるまでに事例検討会等に係る次年度の計画を定めることとされているが、平成30年度はどのように取扱うのか。

(答)
・平成30年度については、事例検討会等の概略や開催時期等を記載した簡略的な計画を同年度4月末日までに定めることとし、共同で実施する他事業所等まで記載した最終的な計画を9月末日までに定めることとする。
・なお、9月末日までに当該計画を策定していない場合には、10月以降は特定事業所加算を算定できない。

○ 特定事業所加算について

> 問137　特定事業所加算（Ⅰ）から（Ⅲ）において新たに要件とされた、他の法人が運営する居宅介護支援事業者と共同での事例検討会、研修会等については、市町村や地域の介護支援専門員の職能団体等と共同して実施した場合も評価の対象か。

(答)
・貴見のとおりである。
・ただし、当該算定要件における「共同」とは、開催者か否かを問わず2法人以上が事例検討会等に参画することを指しており、市町村等と共同して実施する場合であっても、他の法人の居宅介護支援事業者が開催者又は参加者として事例検討会等に参画することが必要である。

○ 特定事業所加算（Ⅳ）について

> 問138　特定事業所加算（Ⅳ）については、前々年度の3月から前年度の2月までの間における退院・退所加算及びターミナルケアマネジメント加算の算定実績等を算定要件とし、平成31年度より算定可能とされたが、要件となる算定実績について平成31年度はどのように取り扱うのか。

(答)
・平成31年度に限っては、前々年度の3月において平成30年度介護報酬改定が反映されていないため、退院・退所加算及びターミナルケアマネジメント加算それぞれについて、以下の取扱いとする。

【退院・退所加算】

　平成29年度3月における退院・退所加算の算定回数と平成30年度4月から同年度2月までの退院・退所加算の算定に係る病院等との連携回数の合計が35回以上である場合に要件を満たすこととする。

【ターミナルケアマネジメント加算】

　平成30年度の4月から同年度の2月までの算定回数が5回以上である場合に要件を満たすこととする。

・なお、退院・退所加算の算定実績に係る要件については、退院・退所加算の算定回数ではなく、その算定に係る病院等との連携回数の合計により、例えば、特定事業所加算（Ⅳ）を算定する年度の前々年度の3月から前年度の2月までの間において、退院・退所加算（Ⅰ）イを10回、退院・退所加算（Ⅱ）ロを10回、退院・退所加算（Ⅲ）を2回算定している場合は、それらの算定に係る病院等との連携回数は合計36回であるため、要件を満たすこととなる。

○ 入院時情報連携加算について

> 問139　先方と口頭でのやりとりがない方法（FAXやメール、郵送等）により情報提供を行った場合には、送信等を行ったことが確認できれば入院時情報連携加算の算定は可能か。

（答）

　入院先の医療機関とのより確実な連携を確保するため、医療機関とは日頃より密なコミュニケーションを図ることが重要であり、FAX等による情報提供の場合にも、先方が受け取ったことを確認するとともに、確認したことについて居宅サービス計画等に記録しておかなければならない。

○ 退院・退所加算について

> 問140　退院・退所加算（Ⅰ）ロ、（Ⅱ）ロ及び（Ⅲ）の算定において評価の対象となるカンファレンスについて、退所施設の従業者として具体的にどのような者の参加が想定されるか。

（答）

　退所施設からの参加者としては、当該施設に配置される介護支援専門員や生活相談員、支援相談員等、利用者の心身の状況や置かれている環境等について把握した上で、居宅介護支援事業所の介護支援専門員に必要な情報提供等を行うことができる者を想定している。

○ 居宅サービス計画の変更について

> 問141 今回、通所介護・地域密着型通所介護の基本報酬のサービス提供時間区分について、2時間ごとから1時間ごとに見直されたことにより、時間区分を変更することとしたケースについては、居宅サービス計画の変更（サービス担当者会議を含む）は必要なのか。

（答）
・介護報酬算定上のサービス提供時間区分が変更になる場合（例えば、サービス提供時間が7時間以上9時間未満が、7時間以上8時間未満）であっても、サービスの内容及び提供時間に変更が無ければ、居宅サービス計画の変更を行う必要はない。
・一方で、今回の時間区分の変更を契機に、利用者のニーズを踏まえた適切なアセスメントに基づき、これまで提供されてきた介護サービス等の内容をあらためて見直した結果、居宅サービス計画を変更する必要が生じた場合は、通常の変更と同様のプロセスが必要となる。

【全サービス共通】
○ 介護保険施設等における歯科医療について

> 問1 介護保険施設等における歯科医療について、協力歯科医療機関のみが歯科医療を提供することとなるのか。

（答）
　介護保険施設等における歯科医療について、歯科医療機関を選択するのは利用者であるので、利用者の意向を確認した上で、歯科医療が提供されるよう対応を行うことが必要である。

【訪問系サービス関係共通事項】
○ 事業所と同一建物の利用者又はこれ以外の同一建物の利用者20人以上にサービスを行う場合の減算（集合住宅減算）

> 問2 集合住宅減算についてはどのように算定するのか。

（答）
　集合住宅減算の対象となるサービスコードの所定単位数の合計に対して減算率を掛けて算定をすること。
　なお、区分支給限度基準額を超える場合、区分支給限度基準額の管理に際して、区分支給限度基準額の超過分に同一建物減算を充てることは出来ないものとする。
　※平成27年度介護報酬改定に関するQ&A（平成27年4月1日）問10参照

【訪問介護、定期巡回・随時対応型訪問介護看護、小規模多機能型居宅介護関係共通事項】
○ 生活機能向上連携加算について

問3 生活機能向上連携加算（Ⅱ）について、告示上、「訪問リハビリテーション、通所リハビリテーション等の一環として当該利用者の居宅を訪問する際にサービス提供責任者が同行する等により」とされているが、「一環」とは具体的にはどのようなものか。

（答）
　具体的には、訪問リハビリテーションであれば、訪問リハビリテーションで訪問する際に訪問介護事業所のサービス提供責任者が同行することであるが、リハビリテーションを実施している医療提供施設の医師については、訪問診療を行う際等に訪問介護事業所のサービス提供責任者が同行することが考えられる。

【居宅療養管理指導・介護予防居宅療養管理指導】
○ 介護支援専門員への情報提供月複数回実施の場合

問6 医師、歯科医師又は薬剤師又による居宅療養管理指導について、介護支援専門員への情報提供が必ず必要になったが、月に複数回の居宅療養管理指導を行う場合であっても、毎回情報提供を行わなければ算定できないのか。

（答）
・毎回行うことが必要である。
・なお、医学的観点から、利用者の状態に変化がなければ、変化がないことを情報提供することや、利用者や家族に対して往診時に行った指導・助言の内容を情報提供することでよい。
※平成30年10月1日以降、平成24年Q&A（vol.1）（平成24年3月16日）問54は削除する。

【訪問看護・介護予防訪問看護】
○ 看護体制強化加算について

問9 看護体制強化加算の要件として、「医療機関と連携のもと、看護職員の出向や研修派遣などの相互人材交流を通じて在宅療養支援能力の向上を支援し、地域の訪問看護人材の確保・育成に寄与する取り組みを実施していることが望ましい。」ことが示されたが、具体的にはどのような取組が含まれるのか。

（答）
　当該要件の主旨は、看護体制強化加算の届出事業所においては、地域の訪問看護人材の確保・育成に寄与する取り組みが期待されるものとして示されたものであり、例えば、訪問看護ステーション及び医療機関の訪問看護事業所間において相互の研修や実習等の受入、地域の医療・介護人材育成のための取組等、地域の実情に応じた積極的な取組が含まれるものである。

○ 複数名訪問加算について

> 問15　訪問看護ステーションの理学療法士、作業療法士又は言語聴覚士が看護職員と一緒に利用者宅を訪問しサービスを提供した場合に、基本サービス費はいずれの職種の報酬を算定するのか。この場合、複数名訪問加算を算定することは可能か。

（答）
　基本サービス費は、主に訪問看護を提供するいずれかの職種に係る報酬を算定する。また、訪問看護ステーションの理学療法士、作業療法士又は言語聴覚士と看護職員が一緒に訪問看護を行った場合、複数名訪問加算の要件を満たす場合、複数名訪問加算（Ⅰ）の算定が可能である。なお、訪問看護ステーションの理学療法士、作業療法士又は言語聴覚士が主に訪問看護を行っている場合であっても、訪問看護の提供回数ではなく、複数名での訪問看護の提供時間に応じて加算を算定する。
※平成24年度報酬改定Q&A（vol.3）（平成24年4月25日）問2は削除する。

○ ターミナルケア加算について（介護予防訪問看護は含まない）

> 問24　ターミナルケアの提供にあたり、厚生労働省「人生の最終段階における医療・ケアの決定プロセスに関するガイドライン」等の内容を踏まえることが示されているが、当該ガイドライン以外にどのようなものが含まれるのか。

（答）
　当該ガイドライン以外の例として、「高齢者ケアの意思決定プロセスに関するガイドライン人工的水分・栄養補給の導入を中心として（日本老年医学会）（平成23年度老人保健健康増進等事業）」等が挙げられるが、この留意事項通知の趣旨はガイドラインに記載されている内容等を踏まえ利用者本人及びその家族等と話し合いを行い、利用者本人の意思決定を基本に、他の関係者との連携の上、ターミナルケアを実施していただくことにあり、留意いただきたい。

○訪問看護計画書等

> 問27　訪問看護計画書等については、新たに標準として様式が示されたが、平成30年4月以前より訪問看護を利用している者についても変更する必要があるのか。

（答）
　新たに訪問看護計画書及び訪問看護報告書を作成するまでの間については、従来の様式を用いても差し支えないものとするが、不足している情報については速やかに追記するなどの対応をしていただきたい。

【通所系・居住系サービス】
○ 栄養スクリーニング加算について

第2部　資料編2

問30　当該利用者が、栄養スクリーニング加算を算定できるサービスを複数利用している場合、栄養スクリーニング加算の算定事業者をどのように判断すればよいか。

(答)

サービス利用者が利用している各種サービスの栄養状態との関連性、実施時間の実績、栄養改善サービスの提供実績、栄養スクリーニングの実施可能性等を踏まえ、サービス担当者会議で検討し、介護支援専門員が判断・決定するものとする。

【通所介護、地域密着型通所介護、短期入所生活介護、特定施設入所者生活介護、地域密着型特定施設入居者生活介護、認知症対応型通所介護、介護福祉施設サービス、地域密着型介護老人福祉施設入所者生活介護】

○ 個別機能訓練加算、機能訓練体制加算について

問32　はり師・きゅう師を機能訓練指導員とする際に求められる要件となる、「理学療法士、作業療法士、言語聴覚士、看護職員、柔道整復師又はあん摩マッサージ指圧師の資格を有する機能訓練指導員を配置した事業所で六月以上機能訓練指導に従事した経験」について、その実務時間・日数や実務内容に規定はあるのか。

(答)

要件にある以上の内容については細かく規定しないが、当然ながら、当該はり師・きゅう師が機能訓練指導員として実際に行う業務の頻度・内容を鑑みて、十分な経験を得たと当該施設の管理者が判断できることは必要となる。

【通所介護、地域密着型通所介護】

○ 生活機能向上連携加算について

問35　指定通所介護事業所は、生活機能向上連携加算に係る業務について指定訪問リハビリテーション事業所、指定通所リハビリテーション事業所又は医療提供施設と委託契約を締結し、業務に必要な費用を指定訪問リハビリテーション事業所等に支払うことになると考えてよいか。

(答)

貴見のとおりである。なお、委託料についてはそれぞれの合議により適切に設定する必要がある

○ ADL維持等加算について

> 問37 平成30年度のADL維持等加算の算定の可否を判断する場合、平成29年1月から12月が評価対象期間となるが、この時期に、加算を算定しようとする指定通所介護事業所が指定介護予防通所介護事業所と一体的に運営されていた場合、指定居宅サービス基準第16条の2イ(1)の「利用者」には、当該指定介護予防通所介護事業所の利用者も含まれるか。

(答)
　含まれない。本件加算は、指定通所介護及び指定地域密着型通所介護が対象である。
　なお、指定居宅サービス基準第16条の2イ(3)に「要支援認定」とあるのは、「利用者」に要支援者を含むとの意味ではなく、初回の要支援認定の後、評価対象利用開始月までの間に要介護認定を受ける場合を想定したものである。

【小規模多機能型居宅介護、看護小規模多機能型居宅介護】
○ 若年性認知症利用者受入加算について

> 問40 若年性認知症利用者受入加算について、小規模多機能型居宅介護や看護小規模多機能型居宅介護のように月単位の報酬が設定されている場合、65歳の誕生日の前々日が含まれる月はどのように取り扱うのか。

(答)
　本加算は65歳の誕生日の前々日までは対象であり、月単位の報酬が設定されてい小規模多機能型居宅介護と看護小規模多機能型居宅介護については65歳の誕生日の前々日が含まれる月は月単位の加算が算定可能である。

【短期入所生活介護、介護予防短期入所生活介護】
○ 認知症専門ケア加算について

> 問41 認知症専門ケア加算の算定要件について、認知症高齢者の日常生活自立度Ⅲ以上の割合が1/2以上であることが求められているが、算定方法如何。

(答)
・算定日が属する月の前3月間の利用者数の平均で算定する。
・具体的な計算方法は、次問の看護体制加算(Ⅲ)・(Ⅳ)の要介護3以上の割合の計算と同様に行うが、本加算は要支援者に関しても利用者数に含めることに留意すること。

【共生型サービス】
○共生型サービスの指定について

> 問44　平成30年4月から、共生型サービス事業所の指定が可能となるが、指定の際は、現行の「訪問介護」、「通所介護」、「短期入所生活介護」として指定するのか。それとも、新しいサービス類型として、「共生型訪問介護」、「共生型通所介護」、「共生型短期入所生活介護」として指定が必要となるのか。それとも「みなし指定」されるのか。

（答）

- 共生型サービスは、介護保険又は障害福祉のいずれかの居宅サービス（デイサービス、ホームヘルプサービス、ショートステイ）の指定を受けている事業所が、もう一方の制度における居宅サービスの指定も受けやすくする、あくまでも「居宅サービスの指定の特例」を設けたものであるため、従前通り「訪問介護」、「通所介護」、「短期入所生活介護」として、事業所の指定申請に基づき自治体が指定する。
- なお、当該指定の申請は、既に障害福祉サービスの指定を受けた事業所が行うこととなるが、いずれの指定申請先も都道府県（*）であるため、指定手続について可能な限り簡素化を図る観点から、障害福祉サービス事業所の指定申請の際に既に提出した事項については、申請書の記載又は書類の提出を省略できることとしているので、別添を参照されたい。
- （*）定員18人以下の指定生活介護事業所等は、（共生型）地域密着型通所介護事業所として指定を受けることとなるが、当該指定申請先は市町村であるため、申請書又は書類の提出は、生活介護事業所等の指定申請の際に既に都道府県に提出した申請書又は書類の写しを提出することにより行わせることができることとしている。

【訪問リハビリテーション・通所リハビリテーション・介護予防訪問リハビリテーション・介護予防通所リハビリテーション】

○ リハビリテーション計画書

> 問50　報酬告示又は予防報酬告示の留意事項通知において、医療保険から介護保険のリハビリテーションに移行する者の情報提供に当たっては「リハビリテーションマネジメント加算等に関する基本的な考え方並びにリハビリテーション計画書等の事務処理手順及び様式例の提示について」（平成30年3月22日老老発0322第2号）の別紙様式2-1を用いることとされている。別紙様式2-1はBarthel Indexが用いられているが、情報提供をする医師と情報提供を受ける医師との間で合意している場合には、FIM（Functional Independence Measure）を用いて評価してもよいか。

（答）

- 医療保険から介護保険のリハビリテーションに移行する者の情報提供に当たっては別紙様式2-1を用いる必要があるが、Barthel Indexの代替としてFIMを用いる場合に限り変更を認める。
- なお、様式の変更に当たっては、本件のように情報提供をする医師と情報提供を受ける医師との間で事前の合意があることが必要である。

○ リハビリテーションマネジメント加算

問52 リハビリテーションの実施に当たり、医師の指示が求められているが、医師がリハビリテーション実施の当日に指示を行わなければならないか。

（答）
・毎回のリハビリテーションは、医師の指示の下、行われるものであり、当該の指示は利用者の状態等を踏まえて適時適切に行われることが必要であるが、必ずしも、リハビリテーションの提供の日の度に、逐一、医師が理学療法士等に指示する形のみを求めるものではない。
・例えば、医師が状態の変動の範囲が予想できると判断した利用者について、適当な期間にわたり、リハビリテーションの指示を事前に出しておき、リハビリテーションを提供した理学療法士等の記録等に基づいて、必要に応じて適宜指示を修正する等の運用でも差し支えない。

【訪問リハビリテーション、通所リハビリテーション】
○ リハビリテーションマネジメント加算

問53 リハビリテーションマネジメント加算（Ⅲ）及び（Ⅳ）の算定要件では、医師がリハビリテーション計画の内容について利用者又はその家族へ説明することとされている。
平成30年度介護報酬改定において、リハビリテーション会議の構成員である医師の参加については、テレビ電話等情報通信機器を使用しても差し支えないとされているが、リハビリテーション計画の内容について利用者又はその家族へテレビ電話等情報通信機器を介して説明した場合、リハビリテーションマネジメント加算（Ⅲ）及び（Ⅳ）の算定要件を満たすか。

（答）
リハビリテーション会議の中でリハビリテーション計画の内容について利用者又はその家族へ説明する場合に限り満たす。

【訪問リハビリテーション、介護予防訪問リハビリテーション】
○ 事業所の医師が診療せずにリハビリテーションを提供した場合の減算

問59 別の医療機関の医師から計画的な医学的管理を受けている者に対し、指定訪問リハビリテーション事業所等の医師が、自らは診療を行わず、当該別の医療機関の医師から情報提供を受けてリハビリテーションを計画、指示してリハビリテーションを実施する場合において、当該別の医療機関の医師から提供された情報からは、環境因子や社会参加の状況等、リハビリテーションの計画、指示に必要な情報が得られない場合どのように対応すればよいか。

（答）
指定訪問リハビリテーション等を開始する前に、例えば当該指定訪問リハビリテーション事業所等の理学療法士、作業療法士又は言語聴覚士に利用者を訪問させ、その状態についての評価を報告させる等の手段によって、必要な情報を適宜入手した上で医師及び理学療法士、作業療法士又は言語聴覚士が共同してリハビリテーションを計画し、事業所の医師の指示に基づいてリハビリテーションを行う必要がある。

【訪問リハビリテーション】

○ 訪問リハビリテーションの基本報酬

> 問63　1日のうちに連続して40分以上のサービスを提供した場合、2回分として算定してもよいか。

（答）

・ケアプラン上、複数回のサービス提供を連続して行うことになっていれば、各サービスが20分以上である限り、連続していてもケアプラン上の位置づけ通り複数回算定して差し支えない。ただし、訪問リハビリテーションは、1週に6回を限度として算定することとなっていることに注意されたい。

【通所リハビリテーション】

○ 認知症短期集中リハビリテーション実施加算

> 問67　認知症短期集中リハビリテーション実施加算の要件である「認知症に対するリハビリテーションに関わる専門的な研修を終了した医師」の研修とは具体的に何か。

（答）

　認知症に対するリハビリテーションに関する知識・技術を習得することを目的とし、認知症の診断、治療及び認知症に対するリハビリテーションの効果的な実践方法に関する一貫したプログラムを含む研修である必要がある。

　例えば、全国老人保健施設協会が主催する「認知症短期集中リハビリテーション研修」、日本リハビリテーション病院・施設協会が主催する「認知症短期集中リハビリテーション研修会」、全国デイ・ケア協会が主催する「通所リハ認知症研修会」が該当すると考えている。また、認知症診療に習熟し、かかりつけ医への助言、連携の推進等、地域の認知症医療体制構築を担う医師の養成を目的として、都道府県等が実施する「認知症サポート医養成研修」修了者も本加算の要件を満たすものと考えている。

≪参考≫平成27年度改定関係Q&A（vol.2）（平成27年4月30日）問18を一部修正した。

【特定施設入居者生活介護】

○ 退院・退所時連携加算について

> 問68　医療提供施設を退院・退所して、体験利用を行った上で特定施設に入居する際、加算は取得できるか。

（答）

　医療提供施設を退院・退所して、体験利用を挟んで特定施設に入居する場合は、当該体験利用日

数を30日から控除して得た日数に限り算定出来ることとする。

【施設サービス共通】
○栄養マネジメント加算、経口移行加算

> 問71　栄養マネジメント加算、経口移行加算、経口維持加算、低栄養リスク改善加算の算定にあたって歯科医師の関与や配置は必要か。

（答）
　多職種共同で計画を立案する必要があるが、歯科医師の関与及び配置は必須ではなく、必要に応じて行うものである。
※ 平成21年度報酬改定Q&A（vol.2）（平成21年4月17日）共通事項の問5は削除する。

○ 経口維持加算

> 問72　水飲みテストとはどのようなものか。また、算定期間が6月以内という原則を超える場合とはどのようなときか。

（答）
・経口維持加算は、入所者の摂食・嚥下機能が医師の診断により適切に評価されていることが必要である。代表的な水飲みテスト法である窪田の方法（窪田俊夫他：脳血管障害における麻痺性嚥下障害―スクリーニングテストとその臨床応用について。総合リハ、10（2）：271-276、1982）をお示しする。
・また、6月を超えた場合であっても、摂食機能障害を有し、誤嚥が認められる入所者であって、医師又は歯科医師の指示に基づき、継続して誤嚥防止のための食事の摂取を進めるための特別な管理が必要とされる場合は、引き続き算定出来る。ただし、この場合において、医師又は歯科医師の指示は、おおむね1月ごとに受けるものとする。
※平成18年Q&A（vol.1）（平成18年3月22日）問72及び平成24年Q&A（vol.2）（平成24年3月30日）問33は削除する。

【介護老人福祉施設・介護老人保健施設・介護療養型医療施設・地域密着型介護老人福祉施設・介護医療院】
○ 排せつ支援加算について

問84 排せつに介護を要する原因を分析し、それに基づいた支援計画を作成する際に参考にする、失禁に対するガイドラインに、以下のものは含まれるか。
EBMに基づく尿失禁診療ガイドライン（平成16年泌尿器科領域の治療標準化に関する研究班）
・男性下部尿路症状診療ガイドライン（平成25年日本排尿機能学会）
・女性下部尿路症状診療ガイドライン（平成25年日本排尿機能学会）
・便失禁診療ガイドライン（平成29年日本大腸肛門病学会）

（答）
いずれも含まれる。

【介護老人福祉施設・介護老人保健施設・地域密着型介護老人福祉施設】
○ 褥瘡マネジメント加算について

問86 褥瘡ケア計画を作成する際に参考にする、褥瘡管理に対するガイドラインに、以下のものは含まれるか。
・褥瘡予防・管理ガイドライン（平成27年日本褥瘡学会）
・褥瘡診療ガイドライン（平成29年日本皮膚科学会）

（答）
いずれも含まれる。

【介護老人福祉施設】
○ 身体拘束廃止未実施減算

問87 新たに基準に追加された体制をとるためには準備が必要であると考えられるが、何時の時点から減算を適用するか。

（答）
　施行以後、最初の身体拘束廃止に係る委員会を開催するまでの3ヶ月の間に指針等を整備する必要があるため、それ以降の減算になる。

○ 夜勤職員配置加算（ロボット）

問88 最低基準を0.9人上回るとは、どのような換算をおこなうのか。

（答）
・月全体の総夜勤時間数の90％について、夜勤職員の最低基準を1以上上回れば足りるという趣旨の規定である。
・具体的には、1ヶ月30日、夜勤時間帯は一日16時間であるとすると、合計480時間のうちの

432時間において最低基準を1以上上回っていれば、夜勤職員配置加算を算定可能とする。なお、90％の計算において生じた小数点1位以下の端数は切り捨てる。

○ 配置医師緊急時対応加算

> 問91　配置医師緊急時対応加算の趣旨如何。

（答）
　配置医師が行う健康管理等の対応については個別の契約により給与や委託費等を支払う形式が基本になっていると思われるが、今回の配置医師緊急時対応加算については、これまで、配置医師が緊急時の対応を行ったような場合について報酬上の上乗せの評価等が存在しなかったことや、施設の現場において緊急時の対応を行った配置医師に対する謝金や交通費の負担についての課題が存在したことから、配置医師が深夜等に緊急時の対応を行う環境を整備し、こうした対応を推進するために、新たな加算を設けることとしたものである。こうした趣旨を踏まえて、加算を活用されたい。

【介護老人保健施設】
○ 介護保健施設サービス費（Ⅰ）及び在宅復帰・在宅療養支援機能加算について

> 問101　平成30年度介護報酬改定において見直された介護保健施設サービス費（Ⅰ）及び在宅復帰・在宅療養支援機能加算を算定する介護老人保健施設における在宅復帰在宅療養支援等評価指標等の要件については、都道府県への届出を毎月行う必要があるのか。また、算定要件を満たさなくなった場合は、基本施設サービス費及び加算の算定はどのように取り扱うのか。

（答）
・在宅復帰在宅療養支援等評価指標として算出される数が報酬上の評価における区分変更を必要としない範囲での変化等、軽微な変更であれば毎月の届出は不要である。
・例えば、在宅復帰在宅療養支援等評価指標が24から36に変化した場合には、区分の変更が生じない範囲での変化となる。一方で、在宅復帰・在宅療養支援機能加算（Ⅰ）を算定している施設について、在宅復帰在宅療養支援等評価指標が42から38に変化した場合には、区分の変更が生じる範囲での変化となる。
・ただし、要件を満たさなくなった場合、その翌月は、その要件を満たすものとなるよう必要な対応を行うこととし、それでも満たさない場合には、満たさなくなった翌々月に届出を行い、当該届出を行った月から当該施設に該当する基本施設サービス費及び加算を算定する。なお、満たさなくなった翌月末において、要件を満たした場合には翌々月の届出は不要である。
・また、在宅強化型から基本型の介護保健施設サービス費を算定することとなった場合に、当該施設の取組状況において、在宅復帰・在宅療養支援機能加算（Ⅰ）の算定要件を満たせば、当該変更月より在宅復帰・在宅療養支援機能加算（Ⅰ）を算定できる。
・なお、算定要件を満たさなくなった場合の取扱いについては、平成30年度介護報酬改定前の介

護保健施設サービス費（Ⅰ）（ⅰ）又は（ⅲ）（改定前の従来型）については、改定後の介護保健施設サービス費（Ⅰ）（ⅰ）又は（ⅲ）（改定後の基本型）と、改定前の在宅復帰・在宅療養支援機能加算については、改定後の在宅復帰・在宅療養支援機能加算（Ⅰ）と、改定前の介護保健施設サービス費（Ⅰ）（ⅱ）又は（ⅳ）（改定前の在宅強化型）については、改定後の介護保健施設サービス費（Ⅰ）（ⅱ）又は（ⅳ）（改定後の在宅強化型）とみなして取り扱うこととする。

※平成24年Q&A（平成24年3月16日）問198、問200、問203、問205及び問207、平成24年Q&A（平成24年3月30日）問36、問37及び問38、平成21年Q&A（平成21年4月17日）問36、平成18年Q&A（平成18年3月22日）問78は削除する。

【認知症対応型通所介護】

○ 生活機能向上連携加算について

> 問109　指定認知症対応型通所介護事業所は、生活機能向上連携加算に係る業務について指定訪問リハビリテーション事業所又は指定通所リハビリテーション事業所若しくは医療提供施設と委託契約を締結し、業務に必要な費用を指定訪問リハビリテーション事業所等に支払うことになると考えてよいか。

（答）

貴見のとおりである。なお、委託料についてはそれぞれの合議により適切に設定する必要がある。

> 問111　今回、認知症対応型通所介護の基本報酬のサービス提供時間区分について、2時間ごとから1時間ごとに見直されたことにより、時間区分を変更することとしたケースについては、居宅サービス計画の変更（サービス担当者会議を含む）は必要なのか。

（答）
・介護報酬算定上のサービス提供時間区分が変更になる場合（例えば、サービス提供時間が7時間以上9時間未満が、7時間以上8時間未満）であっても、サービスの内容及び提供時間に変更が無ければ、居宅サービス計画の変更を行う必要はない。
・一方で、今回の時間区分の変更を契機に、利用者のニーズを踏まえた適切なアセスメントに基づき、これまで提供されてきた介護サービス等の内容をあらためて見直した結果、居宅サービス計画を変更する必要が生じた場合は、通常の変更と同様のプロセスが必要となる。

【定期巡回・随時対応型訪問介護看護】

○ 地域へのサービス提供について

> 問119　「いわゆる「囲い込み」による閉鎖的なサービス提供が行われないよう、第3条の8の正当な理由がある場合を除き、地域包括ケア推進の観点から地域の要介護者にもサービス提供を行わなければならない」ことされているが、地域の要介護者からの利用申込みがないような場合はどうか。

（答）

・この規定の趣旨は、地域包括ケア推進の観点から地域の要介護者にもサービス提供を行わなければならないことを定めたものであり、地域のケアマネジャーや住民に対して、同一建物の居住者以外の要介護者も利用可能であることを十分に周知した上でも、なお、地域の要介護者からの利用申込みがない場合には、本規定に違反するものではない。
・また、同一建物の居住者以外の要介護者の利用申込みを妨げることは、本規定に違反するものである。

【看護小規模多機能型居宅介護】

○ 訪問体制強化加算について

> 問120　訪問体制強化加算は、看護師等（保健師、看護師、准看護師、理学療法士、作業療法士又は言語聴覚士をいう。）が訪問サービス（医療保険による訪問看護を含む）を提供した場合には、当該加算の要件となる訪問回数として計上できないという理解でよいか。

（答）
　貴見のとおりである。サービスの提供内容に関わらず、看護師等が訪問した場合については、当該加算の算定要件である訪問サービスの訪問回数として計上できない。

> 問127　有床診療所が指定看護小規模多機能型居宅介護事業所を行う場合であって、看護小規模多機能型居宅介護サービス利用者が、当該有床診療所に入院することはできるか。

（答）
　利用者の状態の変化等により医師の判断により入院することは可能であるが、利用者が看護小規模多機能型居宅介護サービスの宿泊サービスを利用しているのか、有床診療所への入院であるのか混乱しないよう、利用者や家族等に入院に切り替える理由や、利用者の費用負担について十分説明し理解をえること。

【福祉用具貸与】

○ 福祉用具貸与

> 問130　機能や価格帯の異なる複数の商品の提示が困難な場合は、一つの商品の提示で良いか。

（答）
　例えば、他に流通している商品が確認できない場合、福祉用具本体の選択により適合する付属品が定まる場合等は、差し支えない。

（以上QAVol　1から）

【介護老人保健施設】

○ 介護保健施設サービス費（Ⅰ）及び在宅復帰・在宅療養支援機能加算について

> 問2 「喀痰吸引が実施された者」について、介護医療院では、「過去1年間に喀痰吸引が実施されていた者（入所期間が1年以上である入所者にあっては、当該入所期間中（入所時を含む。）に喀痰吸引が実施されていた者）であって、口腔衛生管理加算又は口腔衛生管理体制加算を算定されているものを経管栄養が実施されている者として取り扱うもの」されているが、介護老人保健施設の在宅復帰・在宅療養支援等指標で求められる「喀痰吸引が実施された者」についても同様に考えてよいか。また、「経管栄養が実施された者」についても、介護医療院では、「過去1年間に経管栄養が実施されていた者（入所期間が1年以上である入所者にあっては、当該入所期間中（入所時を含む。）に経管栄養が実施されていた者）であって、経口維持加算又は栄養マネジメント加算を算定されている者については、経管栄養が実施されている者として取り扱うもの」とされており、これも同様に考えてよいか。

（答）
- いずれも貴見のとおり。

　したがって、例えば、「喀痰吸引が実施された者」の割合については、現に喀痰吸引を実施している者及び過去1年間に喀痰吸引が実施されていた者（入所期間が1年以上である入所者にあっては、当該入所期間中（入所時を含む。）に喀痰吸引が実施されていた者）であって、口腔衛生管理加算又は口腔衛生管理体制加算を算定されている者の直近3か月間の延入所者数（入所延べ日数）を当該施設の直近3か月間の延入所者数（入所延べ日数）で除した割合となる。

【介護医療院】

○ 療養病床等から転換した場合の加算の取扱いについて

> 問3　介護療養型医療施設から介護医療院に転換する場合、初期加算、短期集中リハビリテーション実施加算等を算定する場合の起算日は、転換前の介護療養型医療施設に入院日が起算日とすることでよいか。また、退所前訪問指導加算において「入所期間が1月を超える（と見込まれる）入所者」に対して算定できるとされているが、当該入所期間とは、転換前の介護療養型医療施設の入院日を起算日として考えることでよいか。

（答）
- 貴見のとおりである。また、初期入所診療管理や理学療法等の特別診療費についても、転換前の介護療養型医療施設において、当該算定項目に相当する特定診療費が存在することから、同様に扱う。
- 医療保険適用の療養病床及び介護療養型老人保健施設から介護医療院に転換する場合についても同様。
- また、月途中に介護療養型医療施設又は介護療養型老人保健施設から転換する場合、当該月の加算等の算定回数については入院中及び入所中に実施された回数の合計数を算定回数として扱うこととする。

（以上QAVol 2から）
※Q&Aは継続して示されているので、「介護保険最新情報」などで新情報を確認する。

参考　平成30年度介護報酬改定に関する審議報告（抜粋）
　　　（平成30年1月17日介護給付費分科会資料より）

> I　平成30年度介護報酬改定に係る基本的な考え方（抄）

<u>1．基本認識</u>
(1)　2025年に向けて地域包括ケアシステムの推進が求められる中での改定
○　いわゆる団塊の世代のすべてが75歳以上となる2025年に向けて、介護ニーズも増大することが想定される中で、国民一人一人が、住み慣れた地域で、安心して暮らし続けられるよう、医療、介護、介護予防、住まい及び生活支援が包括的に確保される「地域包括ケアシステム」を各地域の実情に応じて構築していくことが重要である。
○　このような認識のもと、平成23年の制度改正では、地域包括ケアシステムの理念規定が介護保険法に明記され、また、平成26年の制度改正では、高度急性期医療から在宅医療・介護、さらには生活支援まで、一連のサービスを地域において切れ目なく総合的に確保するため、「医療提供体制の見直し」と「地域包括ケアシステムの構築に向けた見直し」が一体的に行われ、現在、その実現に向けて取組が進められている。
○　さらに、平成29年の制度改正では、この地域包括ケアシステムを深化・推進していく観点からの見直しが行われ、「医療・介護の連携」、「地域共生社会の実現に向けた取組み」などが推進されることとなった。
○　このような累次の制度改正の趣旨を踏まえ、今回の介護報酬改定においても、地域包括ケアシステムを推進していくことが必要である。
○　特に、今回の改定は、6年に一度の診療報酬改定と同じタイミングで行われるものであり、診療報酬との整合性を図りながら、通常の介護報酬改定以上に、医療と介護の連携を進めていくことが必要である。

(2)　自立支援・重度化防止の取組が求められる中での改定
○　介護保険は、介護が必要になった者の尊厳を保持し、その有する能力に応じ自立した日常生活を営むことができるよう、必要なサービスを提供することを目的とするものであり、提供されるサービスは、要介護状態等の軽減又は悪化の防止に資するものであることが求められている。
○　この点に関し、平成29年の制度改正では、「高齢者の自立支援と要介護状態の重度化防止に向けた取組みの推進」を図るための見直しが行われた。また、未来投資戦略2017（平成29年6月9日閣議決定）においても、今回の介護報酬改定において、効果のある自立支援について評価を行うこととされたところである。
○　このような状況を踏まえ、今回の介護報酬改定でも、質が高く、自立支援・重度化防止に資するサービスを推進していくことが必要である。

(3)　一億総活躍社会の実現、介護離職ゼロに向けた取組が進められる中での改定
○　一方、今後の人口の動向に目を向けると、少子高齢化の進展により、介護を必要とする者が増大する一方で、その支え手が減少することが見込まれている。
○　現在、政府においては、誰もが活躍できる「一億総活躍社会」を実現するため、「介護離職ゼロ」などの目標を掲げ、様々な取組を推進しているところである。

○ その中で介護人材の確保については、「ニッポン一億総活躍プラン」（平成28年6月2日閣議決定）において、介護の受け皿整備に加え、介護の仕事の魅力を向上し、介護人材の処遇改善、多様な人材の確保・育成、生産性の向上を通じた労働負担の軽減を柱として人材の確保に総合的に取り組むこととされている。

○ これを受けて、平成29年4月から月額1万円相当の処遇改善などを行ったところであるが、今なお、介護サービス事業者にとって人材確保が厳しい状況にあることも踏まえ、今回の介護報酬改定においても、介護人材の確保や生産性の向上に向けた取組を推進していくことが必要である。

(4) 制度の安定性・持続可能性が求められる中での改定

○ また、介護に要する費用に目を向けると、その額は制度創設時より大きく増加しており、(3)で述べたように、少子高齢化の進展により、介護を必要とする者が増大する一方で、その支え手が減少することが見込まれる中、制度の安定性・持続可能性を高める取り組みが求められる。

○ このような中、平成26、29年の制度改正では、利用者負担の見直しを行うなど、制度の安定性・持続可能性を高めるための取り組みが進められているところである。

○ 今回の介護報酬改定においても、必要なサービスはしっかりと確保しつつ、サービスの適正化・重点化を図り、制度の安定性・持続可能性を高めていくことが必要である。

2．平成30年度介護報酬改定の基本的な考え方

(1) 地域包括ケアシステムの推進

○ 国民一人一人が、住み慣れた地域で、安心して暮らし続けられるようにしていくためには、地域包括ケアシステムを推進していくことが必要である。特に今回の改定は、診療報酬との同時改定であり、医療・介護の役割分担と連携をより一層推進し、中重度の要介護者も含め、本人の希望する場所での、その状態に応じた医療・介護と看取りの実施や関係者間の円滑な情報共有とそれを踏まえた対応を推進していくことが必要である。

○ また、地域包括ケアシステムの推進を着実に行っていく観点から、各介護サービスに求められる機能を強化するほか、在宅におけるサービスの要となるケアマネジメントの質の向上と公正中立性の確保や、今後とも増加することが見込まれている認知症の人への対応、地域共生社会の実現に向けた取り組みを推進していくことも必要である。

(2) 自立支援・重度化防止に資する質の高い介護サービスの実現

○ 介護保険は、高齢者の自立支援と要介護状態等の軽減又は悪化の防止を目的としており、これらに資する質の高い介護サービスを推進していくことが必要である。

○ また、利用者にとって、サービスの安全・安心が確保されていることは当然のことであり、このような観点からの取り組みを進めていくことも必要である。

(3) 多様な人材の確保と生産性の向上

○ 介護人材は、地域包括ケアシステムの構築に不可欠な社会資源であるにもかかわらず、その不足が叫ばれるなど、介護人材の確保は最重要の課題である。

○ この課題に対応するため、これまでも様々な取り組みを進めてきたところであるが、これに加えて、サービスの質や働き方改革との関係に留意しつつ、専門性などに応じた人材の有効活用

や、ロボット技術・ＩＣＴの活用や人員・設備基準の緩和を通じたサービス提供の効率化を推進することが必要である。

(4) 介護サービスの適正化・重点化を通じた制度の安定性・持続可能性の確保

○ 介護保険の費用は公費と保険料、利用者負担で賄われているが、公費や保険料の額は、制度創設時より大きく増加しており、経済成長や財政健全化に与える影響を危惧する意見もある。地域包括ケアシステムの構築を図る一方、保険料と公費で支えられている介護保険制度の安定性・持続可能性を高め、費用負担者への説明責任をよりよく果たし、国民全体の制度への納得感を高めていくことが求められる。

○ このような観点から、評価の適正化・重点化や、報酬体系の簡素化を進めていくことが必要であり、今般の改定でしっかりと対応していくことが必要である。

○ その際、サービスを必要とする者に必要なサービスが提供されるよう、介護事業者の経営状況を踏まえることも当然必要であり、サービス提供の実態などを十分に踏まえながら、きめ細やかな対応をしていくことが必要である。

Ⅱ 平成30年度介護報酬改定の基本的な考え方とその対応

○ 平成30年度介護報酬改定の基本的な考え方とその主な改定内容は以下のとおり。なお、各サービスの報酬・基準に係る内容については、Ⅲで再掲している事項も含めて記載している。また、介護予防についても同様の措置を講ずる場合には★を付記している。

１．地域包括ケアシステムの推進

(1) 中重度の要介護者も含めた、本人の希望する場所での、その状態に応じた医療・介護と看取りの実施

① 在宅における中重度の要介護者の療養生活に伴う医療ニーズへの対応の強化（一部★）
【訪問看護（アの後段を除き★）、看護小規模多機能型居宅介護】

ア 訪問看護の看護体制強化加算について、月の変動による影響を抑える観点から、現行３か月である緊急時訪問看護加算等の算定者割合の算出期間を見直すとともに、ターミナル体制の充実を図る観点から、ターミナルケア加算の算定者数が多い場合について新たな区分を設ける等の見直しを行う。（訪問看護）

イ 24時間対応体制のある訪問看護事業所からの緊急時訪問を評価することとする。具体的には、現行、早朝・夜間、深夜の訪問看護に係る加算については、２回目以降の緊急時訪問において、一部の対象者（特別管理加算算定者）に限り算定できることとなっているが、この対象者について拡大を図ることとする。（訪問看護）

ウ 医療ニーズに対応できる介護職員との連携体制やターミナルケアの体制をさらに整備する観点から、看護小規模多機能型居宅介護の訪問看護体制強化加算について、ターミナルケアの実施及び介護職員等による喀痰吸引等の実施体制を新たな区分として評価することとする。その際、加算の名称について、訪問看護体制以外の要件を追加することから、「看護体制強化加算」へと改めることとする。（看護小規模多機能型居宅介護）

② 短期入所生活介護における看護体制の充実

【短期入所生活介護】
ア 中重度の高齢者の積極的な受け入れを促進する等の観点から、現行の看護体制加算（Ⅰ）・（Ⅱ）の算定要件である体制要件に加えて、利用者のうち要介護3以上の利用者を70％以上受け入れる事業所について、新たに評価することとする。その際、定員ごとにきめ細かく単位数を設定することとする。
イ 夜間の医療処置への対応を強化する観点から、夜勤職員配置加算について、現行の要件に加えて、夜勤時間帯を通じて、
・看護職員を配置していること又は
・認定特定行為業務従事者を配置していること（この場合、登録特定行為事業者として都道府県の登録が必要）について、これをより評価することとする。

③ 有床診療所等が提供する短期入所療養介護（★）
【短期入所療養介護】
医療ニーズが高い要介護者への支援としてサービス供給量を増やすとともに、地域の医療資源を有効活用する観点から、有床診療所等の短期入所療養介護への参入を進めることとし、以下の見直しを行う。
ア 療養病床を有する病院又は診療所については、短期入所療養介護の基準を全て満たしていることから、当該サービスのみなし指定とする。
イ 一般病床の有床診療所については、「食堂」が医療法上の施設基準とされていないが、サービスの実態を踏まえ、一般病床の有床診療所が短期入所療養介護を提供する場合は、食堂に関する基準を緩和する。ただし、食堂を有する事業所との間で報酬上のメリハリをつけることとする。

④ 看護小規模多機能型居宅介護の指定に関する基準の緩和
【看護小規模多機能型居宅介護】
サービス供給量を増やす観点から、診療所からの参入を進めるよう基準を緩和する。
具体的には、以下のとおりとする。
ア 設備について、宿泊室については、看護小規模多機能型居宅介護事業所の利用者が宿泊サービスを利用できない状況にならないよう、利用者専用の宿泊室として1病床は確保したうえで、診療所の病床を届け出ることを可能とする。
イ 現行、看護小規模多機能型居宅介護の指定を受けるためには、法人であることが必要だが、医療法の許可を受けて診療所を開設している者も認めることとする。

⑤ 看護小規模多機能型居宅介護のサテライト型事業所の創設
【看護小規模多機能型居宅介護】
サービス供給量を増やす観点及び効率化を図る観点から、サービス提供体制を維持できるように配慮しつつ、サテライト型看護小規模多機能型居宅介護事業所（以下、「サテライト看多機」とする。）の基準を創設する。サテライト看多機の基準等については、サテライト型小規模多機能型居宅介護（以下、「サテライト小多機」）と本体事業所（小規模多機能型居宅介護及び看護小規模多機能型居宅介護（以下、「看多機」とする。））の関係に準じるものとする。

ただし、看護職員等の基準については、以下のように定めることとする。
　（主な具体的な基準等）
○　サテライト小多機の基準に準じ、代表者・管理者・介護支援専門員・夜間の宿直者（緊急時の訪問対応要員）は、本体事業所との兼務等により、サテライト看多機に配置しないことができることとする。
○　本体事業所はサテライト事業所の支援機能を有する必要があることから、サテライト看多機の本体事業所は看多機事業所とし、24時間の訪問（看護）体制の確保として緊急時訪問看護加算の届出事業所に限定する。
○　サテライト看多機においても、医療ニーズに対応するため、看護職員の人数については常勤換算1.0人以上とする。
○　本体事業所及びサテライト看多機においては適切な看護サービスを提供する体制にあること。なお、適切な看護サービスを提供する体制とは、訪問看護体制減算を届出していないことを要件とし、当該要件を満たせない場合の減算を創設する。
　　また、訪問看護ステーションについては、一定の要件を満たす場合には、従たる事業所（サテライト）を主たる事業所と含めて指定できることとなっていることから、看多機についても、本体事業所が訪問看護事業所の指定を合わせて受けている場合には、同様の取扱いとする。

⑥　末期の悪性腫瘍の利用者に対するケアマネジメント
　【居宅介護支援】
　ア　ケアマネジメントプロセスの簡素化
　　　著しい状態の変化を伴う末期の悪性腫瘍の利用者については、主治の医師等の助言を得ることを前提として、サービス担当者会議の招集を不要とすること等によりケアマネジメントプロセスを簡素化する。
　イ　頻回な利用者の状態変化等の把握等に対する評価の創設
　　　末期の悪性腫瘍の利用者又はその家族の同意を得た上で、主治の医師等の助言を得つつ、ターミナル期に通常よりも頻回な訪問により利用者の状態変化やサービス変更の必要性を把握するとともに、そこで把握した利用者の心身の状況等の情報を記録し、主治の医師等や居宅サービス事業者へ提供した場合を新たに評価する。

⑦　特定施設入居者の医療ニーズへの対応
　【特定施設入居者生活介護、地域密着型特定施設入居者生活介護】
　　入居者の医療ニーズにより的確に対応できるよう、以下の見直しを行う。
　ア　退院時連携加算の創設
　　　病院等を退院した者を受け入れる場合の医療提供施設との連携等を評価する加算を創設し、医療提供施設を退院・退所して特定施設に入居する利用者を受け入れた場合を評価することとする。
　イ　医療的ケア提供加算の創設
　　　たんの吸引などの医療的ケアの提供を行う特定施設に対する評価を創設し、次の要件を満たす場合に評価することとする。
　・介護福祉士の数が、入居者数に対して一定割合以上であること

・たんの吸引等が必要な入居者の占める割合が一定数以上であること
⑧ 認知症グループホーム入居者の医療ニーズへの対応
【認知症対応型共同生活介護】
　入居者の状態に応じた医療ニーズへの対応ができるよう、現行の医療連携体制加算は維持した上で、協力医療機関との連携を確保しつつ、手厚い看護体制の事業所を評価するための区分を創設することとする。
　具体的な算定要件は以下のとおりとする。
ア　事業所の職員として看護職員を配置している場合の評価として、
・事業所の職員として看護職員を常勤換算で1名以上配置していること
・事業所の職員である看護職員又は病院若しくは診療所若しくは訪問看護ステーションの看護師との連携により、24時間連絡できる体制を確保していること
・事業所の職員として配置している看護職員が准看護師のみである場合には、病院、診療所若しくは訪問看護ステーションの看護師との連携体制を確保すること
・たんの吸引などの医療的ケアを提供している実績があること
・重度化した場合の対応に係る指針を定め、入居の際に、利用者又はその家族等に対して、当該指針の内容を説明し、同意を得ていることを評価することとする。
イ　また、事業所の職員として看護師を配置している場合の評価として、
・事業所の職員として看護師を常勤換算で1名以上配置していること
・事業所の職員である看護師又は病院若しくは診療所若しくは訪問看護ステーションの看護師との連携により、24時間連絡できる体制を確保すること
・たんの吸引などの医療的ケアを提供している実績があること
・重度化した場合の対応に係る指針を定め、入居の際に、利用者又はその家族等に対して、当該指針の内容を説明し、同意を得ていることを評価することとする。
⑨ 特別養護老人ホーム入所者の医療ニーズへの対応
【介護老人福祉施設、地域密着型介護老人福祉施設入所者生活介護】
　入所者の医療や看取りに関するニーズにより的確に対応できるよう、配置医師や他の医療機関との連携、夜間の職員配置や施設内での看取りに関する評価を充実することとする。具体的には以下の見直しを行うこととする。
ア　早朝・夜間又は深夜における配置医師の診療に対する評価の創設
　以下の要件を満たす場合において、配置医師が施設の求めに応じ、早朝・夜間又は深夜に施設を訪問し入所者の診療を行ったことを新たに評価することとする。
　　i　入所者に対する緊急時の注意事項や病状等についての情報共有の方法及び曜日や時間帯ごとの医師との連絡方法や診察を依頼するタイミングなどについて、医師と施設の間で、具体的な取り決めがなされていること。
　　ii　複数名の配置医師を置いていること、若しくは配置医師と協力医療機関の医師が連携し、施設の求めに応じて24時間対応できる体制を確保していること。
　　iii　i及びiiの内容につき、届出を行っていること。
　　iv　看護体制加算（Ⅱ）を算定していること。

　　　　ⅴ　早朝・夜間又は深夜に施設を訪問し、診療を行う必要があった理由を記録すること。
　　イ　常勤医師配置加算の要件緩和
　　　　常勤医師配置加算の加算要件を緩和し、
・同一建物内でユニット型施設と従来型施設が併設され、一体的に運営されている場合であって、
・１名の医師により双方の施設で適切な健康管理及び療養上の指導が実施されてる場合には、双方の施設で加算を算定できることとする。
　　ウ　入所者の病状の急変等への対応方針の策定義務づけ
　　　　入所者の病状の急変等に備えるため、施設に対して、あらかじめ配置医師による対応その他の方法による対応方針を定めなければならないことを義務づける。
　　エ　夜間の医療処置への対応の強化
　　　　夜勤職員配置加算について、現行の要件に加えて、夜勤時間帯を通じて、・看護職員を配置していること又は認定特定行為業務従事者を配置していること（この場合、登録特定行為事業者として都道府県の登録必要）について、これをより評価することとする。
　　オ　施設内での看取りの推進
　　　　施設内での看取りをさらに進める観点から、看取り介護加算の算定に当たって、上記アⅰ〜ⅳに示した医療提供体制を整備し、さらに施設内で実際に看取った場合、より手厚く評価することとする。
⑩　介護医療院の基準
　【介護医療院】
　　　　介護医療院については、社会保障審議会「療養病床の在り方等に関する特別部会」の議論の整理において、介護療養病床（療養機能強化型）相当のサービス（Ⅰ型）と、老人保健施設相当以上のサービス（Ⅱ型）の２つのサービスが提供されることとされているが、この人員・設備・運営基準等については以下のとおりとする。
　　ア　サービス提供単位
　　　　介護医療院のⅠ型とⅡ型のサービスについては、介護療養病床において病棟単位でサービスが提供されていることに鑑み、療養棟単位で提供できることとする。
　　　　ただし、規模が小さい場合については、これまでの介護療養病床での取扱いと同様に、療養室単位でのサービス提供を可能とする。
　　イ　人員配置
　　　　開設に伴う人員基準については、日中・夜間を通じ長期療養を主目的としたサービスを提供する観点から、介護療養病床と介護療養型老人保健施設の基準を参考に、
　　　　ⅰ　医師、薬剤師、看護職員、介護職員は、Ⅰ型とⅡ型に求められる医療・介護ニーズを勘案して設定し、
　　　　ⅱ　リハビリテーション専門職、栄養士、放射線技師、その他の従業者は施設全体として配置をすることを念頭に設定することとする。
　　ウ　設備
　　　　療養室については、定員４名以下、１人あたり床面積を8.0 ㎡/人以上とし、療養環境を

より充実する観点から、4名以下の多床室であってもプライバシーに配慮した環境になるよう努めることとする。また、療養室以外の設備基準については、介護療養型医療施設で提供される医療水準を提供する観点から、診察室、処置室、機能訓練室、臨床検査設備、エックス線装置等を求めることとする。その際、医療設備については、医療法等において求められている衛生面での基準との整合性を図ることとする。

エ　運営

運営基準については、介護療養型医療施設の基準と同様としつつ、他の介護保険施設との整合性や長期療養を支えるサービスという観点も鑑みて設定することとする。なお、これまで病院として求めていた医師の宿直については引き続き求めることとするが、一定の条件を満たす場合等に一定の配慮を行うこととする。

オ　医療機関との併設の場合の取扱い

医療機関と併設する場合については、医療資源の有効活用の観点から、宿直の医師を兼任できるようにする等の人員基準の緩和や設備の共用を可能とする。

カ　ユニットケア

他の介護保険施設でユニット型を設定していることから、介護医療院でもユニット型を設定することとする。

⑪　介護医療院の基本報酬等

略

(2) 医療・介護の役割分担と連携の一層の推進、関係者間の円滑な情報共有とそれを踏まえた対応の推進

① 居宅介護支援事業所と医療機関との連携の強化（★）

【居宅介護支援】

ア　入院時における医療機関との連携促進

入院時における医療機関との連携を促進する観点から、以下の見直しを行う。

ⅰ　居宅介護支援の提供の開始にあたり、利用者等に対して、入院時に担当ケアマネジャーの氏名等を入院先医療機関に提供するよう依頼することを義務づける。

ⅱ　入院時情報連携加算について、入院後3日以内の情報提供を新たに評価するとともに、情報提供の方法による差は設けないこととする。

ⅲ　より効果的な連携となるよう、入院時に医療機関が求める利用者の情報を様式例として示すこととする。

イ　退院・退所後の在宅生活への移行に向けた医療機関等との連携促進

退院・退所後の在宅生活への移行に向けた医療機関や介護保険施設等との連携を促進する観点から、退院・退所加算を以下のとおり見直す。

ⅰ　退院・退所時におけるケアプランの初回作成の手間を明確に評価する。

ⅱ　医療機関等との連携回数に応じた評価とする。

ⅲ　加えて、医療機関等におけるカンファレンスに参加した場合を上乗せで評価する。

また、退院・退所時にケアマネジャーが医療機関等から情報収集する際の聞き取り事項を整理した様式例について、退院・退所後に必要な事柄（医療処置、看護、リハビリテーショ

ンの視点等）を充実させる等、必要な見直しを行うこととする。
　ウ　平時からの医療機関との連携促進
　　ⅰ　利用者が医療系サービスの利用を希望している場合等は、利用者の同意を得て主治の医師等の意見を求めることとされているが、この意見を求めた主治の医師等に対してケアプランを交付することを義務づける。
　　ⅱ　訪問介護事業所等から伝達された利用者の口腔に関する問題や服薬状況、モニタリング等の際にケアマネジャー自身が把握した利用者の状態等について、ケアマネジャーから主治の医師等に必要な情報伝達を行うことを義務づける。
　エ　医療機関等との総合的な連携の促進
　　医療・介護連携をさらに強化するため、特定事業所加算において、以下の全ての要件を満たす事業所を更に評価することとする。
　（要件）
　　ⅰ　退院・退所加算を一定回数以上算定している事業所
　　ⅱ　Ⅲ６②イに記載する末期の悪性腫瘍の利用者に係る頻回な利用者の状態変化等の把握等に対する評価に係る加算を一定回数以上算定している事業所
　　ⅲ　特定事業所加算（Ⅰ～Ⅲ）のいずれかを算定している事業所
　※　平成31年度から施行する。
②　サービス提供責任者の役割の明確化
　【訪問介護】
　　訪問介護の現場での利用者の口腔に関する問題や服薬状況等に係る気付きをサービス提供責任者から居宅介護支援事業者等のサービス関係者に情報共有することについて、サービス提供責任者の責務として明確化する。
③　短時間リハビリテーション実施時の面積要件等の緩和（★）
　【通所リハビリテーション】
　　医療保険の脳血管疾患等・廃用症候群・運動器リハビリテーションから介護保険のリハビリテーションへの移行を円滑に行う観点から、診療報酬改定における対応を鑑みながら、必要に応じて、医療保険と介護保険のリハビリテーションを同一のスペースにおいて行う場合の面積・人員・器具の共用に関する要件を緩和することとする。
④　医療と介護におけるリハビリテーション計画の様式の見直し等（★）
　【訪問リハビリテーション、通所リハビリテーション】
　ア　医療保険の疾患別リハビリテーションを受けている患者の介護保険のリハビリテーションへの円滑な移行を推進するため、医療保険と介護保険のそれぞれのリハビリテーション計画書の共通する事項について互換性を持った様式を設けることとする。
　イ　指定（介護予防）訪問リハビリテーション事業所又は指定（介護予防）通所リハビリテーション事業所が、医療機関から当該様式をもって情報提供を受けた際、当該事業所の医師が利用者を診療するとともに、当該様式に記載された内容について、その是非を確認し、リハビリテーションの提供を開始しても差し支えないと判断した場合には、当該様式を根拠として介護保険のリハビリテーションの算定を開始可能とする。ただし、当該様式を用いて算定

を開始した場合には、3月以内にリハビリテーション計画を作成することとする。
　⑤　介護老人保健施設とかかりつけ医との連携
　　【介護老人保健施設】
　　　多剤投薬されている入所者の処方方針を介護老人保健施設の医師とかかりつけ医が事前に合意し、その処方方針に従って減薬する取組みについて、診療報酬改定における対応を鑑みながら、必要に応じて評価することとする。
　⑥　介護保険施設と入院先医療機関との間の栄養管理に関する連携
　　【介護老人福祉施設、地域密着型介護老人福祉施設入所者生活介護、介護老人保健施設、介護医療院】
　　　介護保険施設の入所者が医療機関に入院し、経管栄養又は嚥下調整食の新規導入など、施設入所時とは大きく異なる栄養管理が必要となった場合について、介護保険施設の管理栄養士が当該医療機関の管理栄養士と連携して、再入所後の栄養管理に関する調整を行った場合の評価を創設する。

(3) **各介護サービスに求められる機能の強化**
　①　サービス提供責任者の役割・任用要件の見直し
　　【訪問介護】
　　　サービス提供責任者のうち、初任者研修課程修了者及び旧2級課程修了者は任用要件から廃止する。ただし、現に従事している者については1年間の経過措置を設ける。
　　　また、初任者研修課程修了者又は旧2級課程修了者であるサービス提供責任者を配置している場合に係る減算についても、上記に合わせて、平成30年度は現に従事している者に限定し、平成31年度以降は廃止する。
　②　看護小規模多機能型居宅介護における訪問（介護）サービスの推進
　　【看護小規模多機能型居宅介護】
　　　小規模多機能型居宅介護の訪問体制強化加算に準じ、訪問を担当する従業者を一定程度配置し、1ヶ月あたり延べ訪問回数が一定以上の事業所に対する評価として訪問体制強化加算を創設するとともに、当該加算については区分支給限度基準額の算定に含めないこととする。ただし、対象となる訪問サービスについては、看護師等による訪問（看護サービス）は含まないものとする。
　③　在宅復帰・在宅療養支援機能に対する評価（★）
　　【介護老人保健施設、短期入所療養介護】
　　　平成29年の制度改正で、介護老人保健施設の役割が在宅復帰・在宅療養支援であることがより明確にされたことを踏まえ、この機能を更に推進する観点から、報酬体系の見直しを行う。
　ア　従来型の基本報酬については、一定の在宅復帰・在宅療養支援機能を有するものを基本型として評価することとし、メリハリをつけた評価とする。
　イ　在宅復帰・在宅療養支援機能については、現在、在宅復帰率、ベッド回転率、退所後の状況確認等の指標を用いて評価しているが、これらに加え、入所後の取組みやリハビリテーション専門職の配置等の指標も用いることで更にきめ細かい評価ができるようにする。

ウ　現行の在宅強化型よりも在宅復帰・在宅療養支援をより進めている施設については、更に評価することとする。
　　エ　併せて、退所前訪問指導加算、退所後訪問指導加算、退所時指導加算については、介護老人保健施設の退所時に必要な取組みとして、基本報酬に包括化する。
　　オ　ただし、退所時指導加算のうち試行的な退所に係るものについては、利用者ごとのニーズによって対応が異なることから、試行的退所時指導加算として、評価を継続することとする。
④　居住系サービス及び施設系サービスにおける口腔衛生管理の充実（★）
　【特定施設入居者生活介護（★）、地域密着型特定施設入居者生活介護、認知症対応型共同生活介護（★）】
　　ア　口腔衛生管理体制加算の対象サービスの拡大
　　　歯科医師又は歯科医師の指示を受けた歯科衛生士による介護職員に対する口腔ケアに係る技術的助言及び指導を評価した口腔衛生管理体制加算について、現行の施設サービスに加え、居住系サービスも対象とすることとする。
　【介護老人福祉施設、地域密着型介護老人福祉施設入所者生活介護、介護老人保健施設、介護療養型医療施設、介護医療院】
　　イ　口腔衛生管理加算の見直し
　　　歯科医師の指示を受けた歯科衛生士が、入所者に対して口腔ケアを行うことを評価した口腔衛生管理加算について、歯科衛生士が行う口腔ケアの対象者を拡大する観点から回数の緩和をするとともに、当該入所者に係る口腔ケアについて介護職員へ具体的な技術的助言及び指導を行うことで口腔衛生管理の充実を図るため、以下の見直しを行う。
　　　　ⅰ　歯科衛生士が行う口腔ケアの実施回数は、現行の月４回以上を月２回以上に見直す。
　　　　ⅱ　歯科衛生士が、当該入所者に係る口腔ケアについて介護職員へ具体的な技術的助言及び指導を行い、当該入所者の口腔に関する相談等に必要に応じ対応することを新たな要件に加える。
⑤　通所系サービス、居住系サービス及び施設系サービスにおける栄養改善の取組の推進（★）
　【通所介護、地域密着型通所介護、認知症対応型通所介護（★）、通所リハビリテーション（★）】
　　ア　栄養改善加算の見直し
　　　栄養改善加算について、管理栄養士１名以上の配置が要件とされている現行の取扱いを改め、外部の管理栄養士の実施でも算定を認めることとする。
　【通所介護、地域密着型通所介護、療養通所介護、認知症対応型通所介護（★）、通所リハビリテーション（★）、特定施設入居者生活介護（★）、地域密着型特定施設入居者生活介護、認知症対応型共同生活介護（★）、小規模多機能型居宅介護（★）、看護小規模多機能型居宅介護】
　　イ　栄養スクリーニングに関する加算の創設
　　　管理栄養士以外の介護職員等でも実施可能な栄養スクリーニングを行い、介護支援専門員に栄養状態に係る情報を文書で共有した場合の評価を創設する。
　【介護老人福祉施設、地域密着型介護老人福祉施設入所者生活介護、介護老人保健施設、介護

療養型医療施設、介護医療院】
　　ウ　低栄養リスクの改善に関する新たな評価の創設
　　　　低栄養リスクの高い入所者に対して、多職種が協働して低栄養状態を改善するための計画を作成し、この計画に基づき、定期的に食事の観察を行い、当該入所者ごとの栄養状態、嗜好等を踏まえた栄養・食事調整等を行うなど、低栄養リスクの改善に関する新たな評価を創設する。

(4) ケアマネジメントの質の向上と公正中立性の確保
　① 質の高いケアマネジメントの推進
　【居宅介護支援】
　　ア　管理者要件の見直し
　　　　居宅介護支援事業所における人材育成の取組を促進するため、主任ケアマネジャーであることを管理者の要件とする。その際、一定の経過措置期間を設けることとする。
　　イ　地域における人材育成を行う事業者に対する評価
　　　　特定事業所加算について、他法人が運営する居宅介護支援事業所への支援を行う事業所など、地域のケアマネジメント機能を向上させる取組を評価することとする。
　② 公正中立なケアマネジメントの確保
　【居宅介護支援】
　　ア　契約時の説明等（一部★）
　　　　利用者の意思に基づいた契約であることを確保するため、利用者やその家族に対して、利用者はケアプランに位置付ける居宅サービス事業所について、複数の事業所の紹介を求めることが可能であること等（当該事業所をケアプランに位置付けた理由を求めることが可能であること）を説明することを義務づけ、これらに違反した場合は報酬を減額する。
　　　　なお、例えば、集合住宅居住者において、特定の事業者のサービス利用が入居条件とされ、利用者の意思、アセスメント等を勘案せずに、利用者にとって適切なケアプランの作成が行われていない実態があるとの指摘も踏まえ、利用者の意思に反して、集合住宅と同一敷地内等の居宅サービス事業所のみをケアプランに位置付けることは適切ではないことを明確化する。
　　イ　特定事業所集中減算の対象サービスの見直し
　　　　特定事業所集中減算について、請求事業所数の少ないサービスや、主治の医師等の指示により利用するサービス提供事業所が決まる医療系サービスは対象サービスから除外する。なお、福祉用具貸与については、事業所数にかかわらずサービスを集中させることも可能であることから対象とし、具体的には、訪問介護、通所介護及び福祉用具貸与を対象とすることとする。

(5) 認知症の人への対応
　① 認知症グループホーム入居者の医療ニーズへの対応
　【認知症対応型共同生活介護】
　　　入居者の状態に応じた医療ニーズへの対応ができるよう、現行の医療連携体制加算は維持した上で、協力医療機関との連携を確保しつつ、手厚い看護体制の事業所を評価するための区分

を創設することとする。具体的な算定要件は以下のとおりとする。
　ア　事業所の職員として看護職員を配置している場合の評価として、
・事業所の職員として看護職員を常勤換算で1名以上配置していること
・事業所の職員である看護職員又は病院若しくは診療所若しくは訪問看護ステーションの看護師との連携により、24時間連絡できる体制を確保していること
・事業所の職員として配置している看護職員が准看護師のみである場合には、病院、診療所若しくは訪問看護ステーションの看護師との連携体制を確保すること
・たんの吸引などの医療的ケアを提供している実績があること
・重度化した場合の対応に係る指針を定め、入居の際に、利用者又はその家族等に対して、当該指針の内容を説明し、同意を得ていることを評価することとする。
　イ　また、事業所の職員として看護師を配置している場合の評価として、
・事業所の職員として看護師を常勤換算で1名以上配置していること
・事業所の職員である看護師又は病院若しくは診療所若しくは訪問看護ステーションの看護師との連携により、24時間連絡できる体制を確保すること
・たんの吸引などの医療的ケアを提供している実績があること
・重度化した場合の対応に係る指針を定め、入居の際に、利用者又はその家族等に対して、当該指針の内容を説明し、同意を得ていることを評価することとする。
② 認知症グループホーム入居者の入退院支援の取組（★）
【認知症対応型共同生活介護】
　　　認知症の人は入退院による環境の変化が、認知症の症状の悪化や行動・心理症状の出現につながりやすいため、入居者の早期退院や退院後の安定した生活に向けた取り組みを評価することとする。具体的には以下の見直しを行う。
　ア　入院後3カ月以内に退院が見込まれる入居者について、退院後の再入居の受け入れ体制を整えている場合には、1月に6日を限度として一定単位の基本報酬の算定を認めることとする。
　イ　医療機関に1カ月以上入院した後、退院して再入居する場合も初期加算の算定を認めることとする。
③ 短期利用認知症対応型共同生活介護の算定要件の見直し（★）
【認知症対応型共同生活介護】
　　　認知症グループホームが地域における認知症ケアの拠点として様々な機能を発揮することを促進する観点から、短期利用認知症対応型共同生活介護の算定要件を見直す。具体的には、利用者の状況や家族等の事情により、居宅介護支援事業所の介護支援専門員が、緊急に短期利用認知症対応型共同生活介護の利用が必要と認めた場合には、定員を超えて受け入れを認めることとする。その際、他の入居者の処遇に支障が生じないよう、
・利用者の居室は個室であること
・短期利用の利用者も含めて人員基準を満たしていること
・定員を超えて受け入れることができる利用者数は事業所ごとに1人までとすること
を要件とする。

④ 認知症グループホームにおける生活機能向上連携加算の創設（★）
【認知症対応型共同生活介護】
　　自立支援・重度化防止に資する介護を推進するため、新たに生活機能向上連携加算を創設する。具体的には、理学療法士・作業療法士・言語聴覚士・医師が認知症グループホームを訪問して認知症対応型共同生活介護計画を作成する場合について、
・訪問リハビリテーション若しくは通所リハビリテーションを実施している事業所又はリハビリテーションを実施している医療提供施設（原則として許可病床数200床未満のものに限る。）の理学療法士・作業療法士・言語聴覚士・医師が認知症グループホームを訪問し、身体状況等の評価（生活機能アセスメント）を協働して行うこと
・計画作成担当者が生活機能の向上を目的とした認知症対応型共同生活介護計画を作成すること等を評価することとする。

⑤ 認知症対応型通所介護における生活機能向上連携加算の創設（★）
【認知症対応型通所介護】
　　自立支援・重度化防止に資する介護を推進するため、生活機能向上連携加算を創設し、認知症対応型通所介護の事業所の職員と外部のリハビリテーション専門職が連携して、機能訓練のマネジメントをすることを評価する。
具体的には、
・訪問リハビリテーション若しくは通所リハビリテーションを実施している事業所又はリハビリテーションを実施している医療提供施設（原則として許可病床数200床未満のものに限る。）の理学療法士・作業療法士・言語聴覚士、医師が、認知症対応型通所介護の事業所を訪問し、認知症対応型通所介護の事業所の職員と協働で、アセスメントを行い、個別機能訓練計画を作成すること
・リハビリテーション専門職と連携して個別機能訓練計画の進捗状況を定期的に評価し、必要に応じて計画・訓練内容等の見直しを行うことを評価することとする。

⑥ 共用型認知症対応型通所介護の利用定員の見直し（★）
【認知症対応型通所介護】
　　共用型認知症対応型通所介護の普及促進を図る観点から、ユニットケアを行っている地域密着型介護老人福祉施設入所者生活介護における利用定員数を、「１施設当たり３人以下」から「１ユニット当たりユニットの入居者と合わせて１２人以下」に見直すこととする。

⑦ 各種サービスにおける認知症関連加算の創設（一部★）
【短期入所生活介護（★）、短期入所療養介護、小規模多機能型居宅介護（★）、看護小規模多機能型居宅介護、特定施設入居者生活介護（★）、地域密着型特定施設入居者生活介護、介護医療院】
　　どのサービスでも認知症の方に適切なサービスが提供されるように、認知症高齢者への専門的なケアを評価する「認知症専門ケア加算」や、若年性認知症の方の受け入れを評価する「若年性認知症利用者受入加算」等について、現在加算が設けられていないサービスにも創設することとする。
（新たに加算を創設するサービスと、創設される加算）

- 認知症専門ケア加算 ··· 短期入所生活介護、短期入所療養介護
- 若年性認知症利用者受入加算 ··· 小規模多機能型居宅介護、看護小規模多機能型居宅介護、特定施設入居者生活介護、地域密着型特定施設入居者生活介護
- 認知症行動・心理症状緊急対応加算 ··· 介護医療院

(6) 地域共生社会の実現に向けた取り組みの推進

① 共生型サービス

【訪問介護、通所介護、地域密着型通所介護、短期入所生活介護（★）】

ア 共生型訪問介護、共生型通所介護、共生型短期入所生活介護に係る基準・報酬を設定する。

　ⅰ 共生型訪問介護については、障害福祉制度における居宅介護、重度訪問介護の指定を受けた事業所であれば、基本的に共生型訪問介護の指定を受けられるものとして、基準を設定する。なお、障害福祉制度における障害者居宅介護従業者基礎研修課程修了者や重度訪問介護従業者養成研修修了者等については、６５歳に至るまでに、これらの研修修了者に係る障害福祉事業所において障害福祉サービスを利用していた高齢障害者に対してのみ、サービスを提供できることとする。

　　報酬は、以下の基本的な考え方を踏まえて設定する。この際、障害福祉制度における障害者居宅介護従業者基礎研修課程修了者に係る取扱い（30％減算）等も踏まえる。また、訪問介護事業所に係る加算は、各加算の算定要件を満たした場合に算定できることとする。

2．自立支援・重度化防止に資する質の高い介護サービスの実現

(1) 高齢者の自立支援と要介護状態等の軽減又は悪化の防止に資する介護サービスの推進

① リハビリテーションに関する医師の指示の明確化等（★）

【訪問リハビリテーション、通所リハビリテーション】

　医師の指示の内容を明確化して、評価するとともに、明確化する内容を考慮しながら、直近の介護事業経営実態調査の結果も踏まえて基本報酬を見直すこととする。具体的には、医師の詳細な指示について、リハビリテーションマネジメント加算の算定要件として明確化し、別途評価するとともに、介護事業経営実態調査の結果を踏まえ、基本報酬を設定することとする。
（リハビリテーションマネジメント加算に追加する要件）

- 医師は毎回のリハビリテーションの実施にあたり、詳細な指示（※）を行うこと。
- 医師が当該利用者に対して３月以上の継続利用が必要と判断する場合には、リハビリテーション計画書の備考欄に継続利用が必要な理由等を記載すること。

※ リハビリテーションの目的及び、リハビリテーション開始前の留意事項、リハビリテーション中の留意事項、中止基準、リハビリテーションにおける負荷量等のうち１つの計２つ以上の事項。

② リハビリテーション計画書等のデータ提出等に対する評価

【訪問リハビリテーション、通所リハビリテーション】

　リハビリテーションの質の更なる向上のために、現行のリハビリテーションマネジメント加算（Ⅱ）の要件に加えて、以下の要件を満たした事業所を新たに評価することとする。

（追加する要件）

リハビリテーションマネジメント加算等に使用する様式のデータを、通所・訪問リハビリテーションの質の評価データ収集等事業に参加し、同事業で活用しているシステム（VISIT）を用いて提出し、フィードバックを受けること。

③　予防給付におけるリハビリテーションマネジメント加算の創設　以下略

⑥　外部の通所リハビリテーション事業所等のリハビリテーション専門職等との連携による機能訓練等の推進（一部★）

【訪問介護】

ア　訪問介護の生活機能向上連携加算について、以下の見直しを行う。

　ⅰ　自立支援・重度化防止に資する介護を推進するため、現行の訪問リハビリテーション・通所リハビリテーションの理学療法士・作業療法士・言語聴覚士が利用者宅を訪問して行う場合に加えて、リハビリテーションを実施している医療提供施設（原則として許可病床数200床未満のものに限る。）の理学療法士・作業療法士・言語聴覚士・医師が訪問して行う場合についても評価するとともに、リハビリテーション専門職との連携を促進するため、これらの評価を充実する。

　ⅱ　理学療法士・作業療法士・言語聴覚士・医師が利用者宅を訪問することが難しい場合においても、自立支援・重度化防止に資する介護を推進するため、・訪問リハビリテーション若しくは通所リハビリテーションを実施している事業所又はリハビリテーションを実施している医療提供施設（原則として許可病床数200床未満のものに限る。）の理学療法士・作業療法士・言語聴覚士・医師からの助言（アセスメント・カンファレンス）を受けることができる体制を構築し、助言を受けた上で、サービス提供責任者が生活機能の向上を目的とした訪問介護計画を作成（変更）すること

・当該理学療法士・作業療法士・言語聴覚士・医師は、通所リハビリテーション等のサービス提供の場において、又はＩＣＴを活用した動画等により、利用者の状態を把握した上で、助言を行うことを定期的に行うことを評価することとする。

【通所介護、地域密着型通所介護、認知症対応型通所介護（★）短期入所生活介護（★）】

ウ　自立支援・重度化防止に資する介護を推進するため、生活機能向上連携加算を創設し、通所介護事業所等の職員と外部のリハビリテーション専門職が連携して、機能訓練のマネジメントをすることを評価する。具体的には、

・訪問リハビリテーション若しくは通所リハビリテーションを実施している事業所又はリハビリテーションを実施している医療提供施設（原則として許可病床数200床未満のものに限る。）の理学療法士・作業療法士・言語聴覚士、医師が、通所介護事業所等を訪問し、通所介護事業所等の職員と協働で、アセスメントを行い、個別機能訓練計画を作成すること

・リハビリテーション専門職と連携して個別機能訓練計画の進捗状況を定期的に評価し、必要に応じて計画・訓練内容等の見直しを行うこと

を評価することとする。

2　自立支援・重度化防止に資する質の高いサービスの実現
(2)　介護サービスの安全・安心を確保する観点からの取り組みの推進
　①身体的拘束等の適正化
　【介護老人福祉施設、地域密着型介護老人福祉施設入所者生活介護、介護老人保健施設、介護療養型医療施設、介護医療院、認知症対応型共同生活介護（★）、特定施設入居者生活介護（★）、地域密着型特定施設入居者生活介護】
　　身体拘束廃止未実施減算について、運営基準と減算幅を以下のとおり見直すこととする。
（見直し後の基準）
　　身体的拘束等の適正化を図るため、以下の措置を講じなければならないこととする。
・身体的拘束等を行う場合には、その態様及び時間、その際の入所者の心身の状況並びに緊急やむを得ない理由を記録すること。
・身体的拘束等の適正化のための対策を検討する委員会（※）を3月に1回以上開催するとともに、その結果について、介護職員その他従業者に周知徹底を図ること。
・身体的拘束等の適正化のための指針を整備すること。
・介護職員その他の従業者に対し、身体的拘束等の適正化のための研修を定期的に実施すること。
（※）地域密着型介護老人福祉施設入所者生活介護、認知症対応型共同生活介護、地域密着型特定施設入居者生活介護においては、運営推進会議を活用することができることとする。

3　多様な人材の確保と生産性の向上
　人材の有効活用・機能分化、ロボット技術等を用いた負担軽減、各種基準の緩和等を通じた効率化を推進
(1)　人材の有効活用・機能分化
　①　生活援助中心型の担い手の拡大
　【訪問介護】
　　訪問介護事業所における更なる人材確保の必要性に対応するため、身体に直接触れる身体介護について、自立支援の機能を高めることも踏まえて、介護福祉士等が中心に担うこととする。生活援助中心型については、必要な量を確保するために人材の裾野を広げて担い手を確保しつつ、質を確保するため、現在の訪問介護員の要件である130時間以上の研修は求めないが、生活援助中心型のサービスに必要な知識等に対応した研修を修了した者が担うこととする。このため、新たに生活援助中心型のサービスに従事する者に必要な知識等に対応した研修課程を創設することとする。その際、研修のカリキュラムについては、初任者研修のカリキュラムも参考に、観察の視点や認知症高齢者に関する知識の習得を重点とする。また、訪問介護事業所ごとに訪問介護員等を常勤換算方法で2.5以上置くこととされているが、上記の新しい研修修了者もこれに含めることとする。この場合、生活援助中心型サービスは介護福祉士等が提供する場合と新研修修了者が提供する場合とが生じるが、両者の報酬は同様とする。なお、この場合、訪問介護事業所には多様な人材が入ることとなるが、引き続き、利用者の状態等に応じて、身体介護、生活援助を総合的に提供していくこととする。

4 介護サービスの適正化・重点化を通じた制度の安定性・持続可能性の確保

(1) 評価の適正化・重点化

① 福祉用具貸与の価格の上限設定等（★）

【福祉用具貸与】

現行の貸与商品については、平成30年10月から全国平均貸与価格の公表や貸与価格の上限設定が適用されるが、平成31年度以降、新商品についても、3ヶ月に1度の頻度で同様の取扱いとする。公表された全国平均貸与価格や設定された貸与価格の上限については、平成31年度以降も、概ね1年に1度の頻度で見直しを行う。全国平均貸与価格の公表や貸与価格の上限設定を行うに当たっては、月平均100件以上の貸与件数がある商品について適用する。なお、上記については、施行後の実態も踏まえつつ、実施していくこととする。

② 機能や価格帯の異なる複数の福祉用具の提示等（★）

【福祉用具貸与】

利用者が適切な福祉用具を選択する観点から、運営基準を改正し、福祉用具専門相談員に対して、以下の事項を義務づける。

・貸与しようとする商品の特徴や貸与価格に加え、当該商品の全国平均貸与価格を利用者に説明すること
・機能や価格帯の異なる複数の商品を利用者に提示すること
・利用者に交付する福祉用具貸与計画書をケアマネジャーにも交付すること

Ⅲ 各サービスの報酬・基準に係る見直しの基本的方向

1 訪問系サービス　2 通所系サービス　3 短期入所系サービス　4 多機能型サービス
5 福祉用具貸与　6 居宅介護支援

① 医療と介護の連携の強化（★）Ⅱ1(2)①再掲　略
② 末期の悪性腫瘍の利用者に対するケアマネジメント Ⅱ1(1)⑥再掲　略
③ 質の高いケアマネジメントの推進 Ⅱ1(4)①再掲　略
④ 公正中立なケアマネジメントの確保（★）Ⅱ1(4)②再掲　略
⑤ 訪問回数の多い利用者への対応 Ⅱ2(1)⑩再掲　略
⑥ 障害福祉制度の相談支援専門員との密接な連携（★）Ⅱ1(6)①再掲　略

7 居住系サービス　8 施設系サービス　9 その他

Ⅳ 今後の課題

○ 平成30年度介護報酬改定の基本的考え方や各サービスの報酬・基準の見直しの方向については以上のとおりであり、今回の報酬改定に基づき、団塊の世代が皆75歳以上となっている2025年に向けて、国民一人一人が状態に応じた適切なサービスを受けられるよう、着実に対応していくことが求められる。

○ その上で、今回の介護報酬改定の影響を把握するとともに、次期介護報酬改定に向けて、見直すべき事項がないか、検討を進めるべきである。特に、次期介護報酬改定までに検討を進めるべきと考えられる事項について、以下のとおりまとめたので、厚生労働省において着実に対応する

ことを求めたい。なお、検討に当たっては、介護保険法の目的である要介護者等の尊厳の保持や、その有する能力に応じ自立した日常生活を営むことができるようにするという視点に基づいて検討が進められるべきである。

　また、しっかりとしたデータに基づく検討を行うことが必要であり、介護報酬改定の効果検証及び調査研究、介護事業経営実態調査の更なる精緻化を進めるとともに、各種の調査・研究等を通じて、実態をしっかりと把握することが必要である。

・訪問介護については、生活援助中心型の担い手の拡大や、統計的に見て通常のケアプランよりかけ離れた回数の生活援助への対応、同一建物等居住者へのサービス提供に係る報酬の見直しなどについて、今回の見直しを踏まえて検証し、また、定期巡回・随時対応型訪問介護看護の同一建物等居住者へのサービス提供に係る報酬の見直しについても検討するべきである。

・加えてケアマネジメントの公正中立性の確保、共生型サービス、介護サービスの質の評価・自立支援に向けた事業者へのインセンティブ、自立支援・重度化防止に資する観点から導入・見直しされた外部のリハビリテーション専門職等との連携、介護人材の確保、定期巡回・随時対応型訪問介護看護のオペレーターの兼務などについて検討すべきである。

・新たに創設される介護医療院については、サービス提供の実態や介護療養型医療施設、医療療養病床からの転換状況を把握した上で、円滑な転換の促進と介護保険財政に与える影響の両面から、どのような対応を図ることが適当なのかを検討するべきである。

・介護保険施設のリスクマネジメントについては、今回は、身体的拘束等への対応を充実させたが、今後、リスクを関知するセンサー等の導入が進むことも考えられることから、施設でどのようなリスクが発生しており、そのリスクにどのように対応しているのかなど、その実態を把握した上で、介護事故予防ガイドライン等も参考に、運営基準や介護報酬上どのような対応を図ることが適当なのかを検討するべきである。

4 指定居宅サービス等の事業の人員、設備及び運営に関する基準等の改正等の主な内容

（注）介護予防サービスについても同様の措置を講ずる場合には★を付記している。

1．訪問系サービス

(1) 訪問介護

① サービス提供責任者等の役割や任用要件等の明確化

ア 訪問介護の現場での利用者の口腔に関する問題や服薬状況等に係る気付きをサービス提供責任者から居宅介護支援事業者等のサービス関係者に情報共有することについて、サービス提供責任者の責務として明確化する。（「指定居宅サービス等の事業の人員、設備及び運営に関する基準」（平成11年厚生省令第37号。以下「居宅基準」という。）第28条関係）

イ 訪問介護事業者は、居宅介護支援事業所のケアマネジャー（セルフケアプランの場合には当該被保険者）に対して、自身の事業所のサービス利用に係る不当な働きかけを行ってはならない旨を明確化する。（居宅基準第34条の2関係）

② 共生型訪問介護

共生型訪問介護については、障害福祉制度における居宅介護、重度訪問介護の指定を受けた事業所であれば、基本的に共生型訪問介護の指定を受けられるものとして、基準を設定する。（居宅基準第39条の2関係）

(2) 定期巡回・随時対応型訪問介護看護

① オペレーターに係る基準の見直し

ア 日中（8時から18時）と夜間・早朝（18時から8時）におけるコール件数等の状況に大きな差は見られないことを踏まえ、日中についても、利用者へのサービス提供に支障がない場合には、オペレーターと「随時訪問サービスを行う訪問介護員」及び指定訪問介護事業所、指定夜間対応型訪問介護事業所以外の「同一敷地内の事業所の職員」の兼務を認めることとする。

・ 夜間・早朝と同様の事業所間の連携が図られているときは、オペレーターの集約を認めることとする。（指定地域密着型サービスの事業の人員、設備及び運営に関する基準（平成18年厚生労働省令第34号。以下「地域密着型基準」という。）第3条の4及び第3条の30関係）

イ オペレーターに係る訪問介護のサービス提供責任者の「3年以上」の経験について、「1年以上」に変更することとする。なお、初任者研修課程修了者及び旧2級課程修了者のサービス提供責任者については、引き続き「3年以上」の経験を必要とすることとする。（地域密着型基準第3条の4関係）

② 介護・医療連携推進会議の開催頻度の緩和

介護・医療連携推進会議の開催頻度について、他の宿泊を伴わないサービス（地域密着型通所介護、認知症対応型通所介護）に合わせて、年4回から年2回とする。（地域密着型基準第3条の37関係）

③ 地域へのサービス提供の推進

一部の事業所において、利用者の全てが同一敷地内又は隣接する敷地内に所在する建物に居住しているような実態があることを踏まえ、定期巡回・随時対応型訪問介護看護事業者は、正当な理由がある場合を除き、地域の利用者に対してもサービス提供を行わなければならないことを明確化する。（地域密着型基準第3条の37関係）

(3) 夜間対応型訪問介護

① オペレーターに係る基準の見直し

オペレーターに係る訪問介護のサービス提供責任者の「3年以上」の経験について、「1年以上」に変更することとする。なお、初任者研修課程修了者及び旧2級課程修了者のサービス提供責任者については、引き続き「3年以上」の経験を必要とすることとする。（地域密着型基準第6条関係）

(4) 訪問リハビリテーション

① 訪問リハビリテーションにおける専任の常勤医師の配置の必須化（★）

指定訪問リハビリテーションを実施するにあたり、リハビリテーション計画を作成することが求められており、この際に事業所の医師が診療する必要がある。このため、指定訪問リハビリテーション事業所に専任の常勤医師の配置を求めることとする。（居宅基準第76条及び指定介護予防サービス等の事業の人員、設備及び運営並びに指定介護予防サービス等に係る介護予防のための効果的な支援の方法に関する基準（平成18年厚生労働省令第35号。以下「予防基準」という。）第79条関係）

② 介護医療院が提供する訪問リハビリテーション（★）

訪問リハビリテーションについては、介護療養型医療施設が提供可能であったことを踏まえ、介護医療院においても提供することを可能とする。（居宅基準第77条及び予防基準第80条関係）

(5) 居宅療養管理指導

① 看護職員による居宅療養管理指導の廃止（★）

看護職員による居宅療養管理指導については、その算定実績を踏まえて廃止することとする。その際、一定の経過措置期間を設けることとする。（居宅基準第89条等及び予防基準第87条等関係）

② 離島や中山間地域等の要支援・要介護者に対する居宅療養管理指導の提供（★）

「中山間地域等に居住する者へのサービス提供加算」を導入する場合には、他の訪問系サービスと同様に、通常の事業の実施地域を運営基準に基づく運営規程に定めることとする。（居宅基準第90条及び予防基準第90条関係）

2．通所系サービス

(1) 通所介護

① 共生型通所介護・共生型地域密着型通所介護

共生型通所介護については、障害福祉制度における生活介護、自立訓練、児童発達支援、放課後等デイサービスの指定を受けた事業所であれば、基本的に共生型通所介護の指定を受けられるものとして、基準を設定する。（居宅基準第105条の2及び地域密着型基準第37条の2関

係）

(2) 療養通所介護
    ① 定員数の見直し
       療養通所介護事業所においては、障害福祉サービス等である重症心身障害児・者を通わせる児童発達支援等を実施しているが、更に地域共生社会の実現に向けた取組を推進する観点から、定員数を引き上げることとする。（地域密着型基準第40条の3関係）

(3) 認知症対応型通所介護
    ① 共用型認知症対応型通所介護の利用定員の見直し（★）
       共用型認知症対応型通所介護の普及促進を図る観点から、ユニット型の地域密着型介護老人福祉施設入所者生活介護における利用定員数を、「1施設当たり3人以下」から「1ユニット当たりユニットの入居者と合わせて12人以下」に見直すこととする。（地域密着型基準第46条及び指定地域密着型介護予防サービスの事業の人員、設備及び運営並びに指定地域密着型介護予防サービスに係る介護予防のための効果的な支援の方法に関する基準（平成18年厚生労働省令第36号。以下「地域密着型予防基準」という。）第9条関係）

(4) 通所リハビリテーション
    ① 介護医療院が提供する通所リハビリテーション（★）
       通所リハビリテーションについては、介護療養型医療施設が提供可能であったことを踏まえ、介護医療院においても提供することを可能とする。（居宅基準第112条及び予防基準第118条関係）

3．短期入所系サービス
(1) 短期入所生活介護
    ① 共生型短期入所生活介護（★）
       共生型短期入所生活介護については、障害福祉制度における短期入所（併設型及び空床利用型に限る。）の指定を受けた事業所であれば、基本的に共生型短期入所生活介護の指定を受けられるものとして、基準を設定する。（居宅基準第140条の14及び予防基準第165条関係）

(2) 短期入所療養介護
    ① 有床診療所等が提供する短期入所療養介護（★）
       一般病床の有床診療所については、「食堂」が医療法上の施設基準とされていないが、サービスの実態を踏まえ、一般病床の有床診療所が短期入所療養介護を提供する場合は、食堂に関する基準を緩和する。（居宅基準第143条等及び予防基準第188条等関係）
    ② 介護医療院が提供する短期入所療養介護（★）
       短期入所療養介護については、介護療養型医療施設が提供可能であったことを踏まえ、介護医療院においても提供することを可能とする。（居宅基準第142条及び予防基準第187条関係）

4．多機能型サービス
(1) 看護小規模多機能型居宅介護
    ① 指定に関する基準の緩和

サービス供給量を増やす観点から、診療所からの参入を進めるよう、宿泊室については、看護小規模多機能型居宅介護事業所の利用者が宿泊サービスを利用できない状況にならないよう、利用者専用の宿泊室として1病床は確保したうえで、診療所の病床を届け出ることを可能とする。（地域密着型基準第175条関係）

② サテライト型事業所の創設

　サービス供給量を増やす観点及び効率化を図る観点から、サービス提供体制を維持できるように配慮しつつ、サテライト型看護小規模多機能型居宅介護事業所（以下、「サテライト看多機」という。）の基準を創設する。サテライト看多機の基準等については、サテライト型小規模多機能型居宅介護（以下、「サテライト小多機」という。）と本体事業所（小規模多機能型居宅介護及び看護小規模多機能型居宅介護（以下、「看多機」という。））の関係に準じるものとする。（地域密着型基準第171条等関係）

5．福祉用具貸与

① 機能や価格帯の異なる複数商品の提示等（★）

　利用者が適切な福祉用具を選択する観点から、運営基準を改正し、福祉用具専門相談員に対して、以下の事項を義務づける。

- 貸与しようとする商品の特徴や貸与価格に加え、当該商品の全国平均貸与価格を利用者に説明すること
- 機能や価格帯の異なる複数の商品を利用者に提示すること
- 利用者に交付する福祉用具貸与計画書をケアマネジャーにも交付すること

（居宅基準第199条及び第199条の2並びに予防基準第278条及び第278条の2関係）

6．居宅介護支援

① 医療と介護の連携の強化（★）

ア　入院時における医療機関との連携促進

　入院時における医療機関との連携を促進する観点から、居宅介護支援の提供の開始に当たり、利用者等に対して、入院時に担当ケアマネジャーの氏名等を入院先医療機関に提供するよう依頼することを義務づける。（指定居宅介護支援等の事業の人員及び運営に関する基準（平成11年厚生省令第38号。以下「居宅介護支援基準」という。）第4条及び指定介護予防支援等の事業の人員及び運営並びに指定介護予防支援等に係る介護予防のための効果的な支援の方法に関する基準（平成18年厚生労働省令第37号。以下「介護予防支援基準」という。）第4条関係）

イ　平時からの医療機関との連携促進

ⅰ　利用者が医療系サービスの利用を希望している場合等は、利用者の同意を得て主治の医師等の意見を求めることとされているが、この意見を求めた主治の医師等に対してケアプランを交付することを義務づける。（居宅介護支援基準第13条及び介護予防支援基準第30条関係）

ⅱ　訪問介護事業所等から伝達された利用者の口腔に関する問題や服薬状況、モニタリング

等の際にケアマネジャー自身が把握した利用者の状態等について、ケアマネジャーから主治の医師等に必要な情報伝達を行うことを義務づける。(居宅介護支援基準第13条及び介護予防支援基準第30条関係)

② 末期の悪性腫瘍の利用者に対するケアマネジメント

著しい状態の変化を伴う末期の悪性腫瘍の利用者については、主治の医師等の助言を得ることを前提として、サービス担当者会議の招集を不要とすること等によりケアマネジメントプロセスを簡素化する。(居宅介護支援基準第13条関係)

③ 質の高いケアマネジメントの推進

居宅介護支援事業所における人材育成の取組を促進するため、主任ケアマネジャーであることを管理者の要件とする。その際、一定の経過措置期間を設けることとする。(居宅介護支援基準第3条及び附則第3条関係)

④ 公正中立なケアマネジメントの確保(★)

利用者との契約にあたり、利用者やその家族に対して、利用者はケアプランに位置付ける居宅サービス事業所について、複数の事業所の紹介を求めることが可能であること等を説明することを義務づける。(居宅介護支援基準第4条及び介護予防支援基準第4条関係)

⑤ 訪問回数の多い利用者への対応

訪問回数の多いケアプランについては、利用者の自立支援・重度化防止や地域資源の有効活用等の観点から、市町村が確認し、必要に応じて是正を促していくことが適当であり、ケアマネジャーが、統計的に見て通常のケアプランよりかけ離れた回数(※)の訪問介護(生活援助中心型)を位置付ける場合には、市町村にケアプランを届け出ることとする。(居宅介護支援基準第13条関係)

(※)「全国平均利用回数＋2標準偏差」を基準として平成30年4月に国が定め、6ヶ月の周知期間を設けて10月から施行する。

⑥ 障害福祉制度の相談支援専門員との密接な連携(★)

障害福祉サービスを利用してきた障害者が介護保険サービスを利用する場合等における、ケアマネジャーと障害福祉制度の相談支援専門員との密接な連携を促進するため、指定居宅介護事業者が特定相談支援事業者との連携に努める必要がある旨を明確にする。(居宅介護支援基準第1条の2及び介護予防支援基準第1条の2関係)

7．居住系サービス

(1) 特定施設入居者生活介護・地域密着型特定施設入居者生活介護

① 身体的拘束等の適正化(★)

身体的拘束等のさらなる適正化を図る観点から、運営基準に以下のとおり定めることとする。

(基準)

身体的拘束等の適正化を図るため、以下の措置を講じなければならないこととする。

・ 身体的拘束等を行う場合には、その態様及び時間、その際の利用者の心身の状況並びに緊急やむを得ない理由を記録すること。

・ 身体的拘束等の適正化のための対策を検討する委員会を3月に1回以上開催するととも

に、その結果について、介護職員その他の従業者に周知徹底を図ること。
- 身体的拘束等の適正化のための指針を整備すること。
- 介護職員その他の従業者に対し、身体的拘束等の適正化のための研修を定期的に実施すること。（居宅基準第183条、地域密着型基準第118条、予防基準第239条等関係）

② 療養病床等から医療機関併設型の特定施設へ転換する場合の特例（★）

介護療養型医療施設又は医療療養病床から、「特定施設入居者生活介護（有料老人ホーム等）と医療機関の併設型」に転換する場合について、以下の特例を設ける。

ア サービスが適切に提供されると認められる場合に、生活相談員、機能訓練指導員、計画作成担当者の兼任を認める。

イ サービスに支障がない場合に限り、浴室、便所、食堂、機能訓練室の兼用を認める。

（居宅基準、地域密着型基準及び予防基準（新設））

(2) 認知症対応型共同生活介護

① 身体的拘束等の適正化（★）　以下略　上記(1)の①参照

身体的拘束等のさらなる適正化を図る観点から、運営基準に以下のとおり定めることとする。

（基準）

身体的拘束等の適正化を図るため、以下の措置を講じなければならないこととする。
- 身体的拘束等を行う場合には、その態様及び時間、その際の利用者の心身の状況並びに緊急やむを得ない理由を記録すること。
- 身体的拘束等の適正化のための対策を検討する委員会を３月に１回以上開催するとともに、その結果について、介護職員その他の従業者に周知徹底を図ること。
- 身体的拘束等の適正化のための指針を整備すること。
- 介護職員その他の従業者に対し、身体的拘束等の適正化のための研修を定期的に実施すること。（地域密着型基準第97条及び地域密着型予防基準第77条関係）

8．施設系サービス

(1) 介護老人福祉施設・地域密着型介護老人福祉施設入所者生活介護

① 入所者の医療ニーズへの対応

入所者の病状の急変等に備えるため、施設に対して、あらかじめ配置医師による対応その他の方法による対応方針を定めなければならないことを義務づける。（地域密着型基準、指定介護老人福祉施設の人員、設備及び運営に関する基準（平成11年厚生省令第39号。以下「指定介護老人福祉施設基準」という。）等（新設））

② 身体的拘束等の適正身体的拘束等のさらなる適正化を図る観点から、運営基準を以下のとおり見直すこととする。

（見直し後の基準）　略

7　居住系サービス　（１)特定施設入所者介護等　①身体的拘束等の適正化の基準を参照（地域密着型基準第137条及び第162条、指定介護老人福祉施設基準第11条及び第42条等関係）

(2) 介護老人保健施設

① 身体的拘束等の適正化

身体的拘束等のさらなる適正化を図る観点から、運営基準を以下のとおり見直すこととする。
（見直し後の基準）

身体的拘束等の適正化を図るため、以下の措置を講じなければならないこととする。
- 身体的拘束等を行う場合には、その態様及び時間、その際の入所者の心身の状況並びに緊急やむを得ない理由を記録すること。
- 身体的拘束等の適正化のための対策を検討する委員会を３月に１回以上開催するとともに、その結果について、介護職員その他の従業者に周知徹底を図ること。
- 身体的拘束等の適正化のための指針を整備すること。
- 介護職員その他の従業者に対し、身体的拘束等の適正化のための研修を定期的に実施すること。（介護老人保健施設の人員、施設及び設備並びに運営に関する基準（平成11年厚生省令第40号）第13条及び第43条関係）

(3) 介護療養型医療施設
① 身体的拘束等の適正化　略　上記(2)の①参照

身体的拘束等のさらなる適正化を図る観点から、運営基準を以下のとおり見直すこととする。
（見直し後の基準）

(4) 介護医療院
① 介護医療院の基準

介護医療院については、社会保障審議会「療養病床の在り方等に関する特別部会」の議論の整理において、介護療養病床（療養機能強化型）相当のサービス（Ⅰ型）と、老人保健施設相当以上のサービス（Ⅱ型）の２つのサービスが提供されることとされているが、この人員・設備・運営基準等については以下のとおりとする。

ア　サービス提供単位

介護医療院のⅠ型とⅡ型のサービスについては、介護療養病床において病棟単位でサービスが提供されていることに鑑み、療養棟単位で提供できることとする。ただし、規模が小さい場合については、これまでの介護療養病床での取扱いと同様に、療養室単位でのサービス提供を可能とする。（介護医療院の人員、施設及び設備並びに運営に関する基準（仮称。以下「介護医療院基準」という。）第３条、第５条等）

イ　人員配置

開設に伴う人員基準については、日中・夜間を通じ長期療養を主目的としたサービスを提供する観点から、介護療養病床と介護療養型老人保健施設の基準を参考に、

ⅰ　医師、薬剤師、看護職員、介護職員は、Ⅰ型とⅡ型に求められる医療・介護ニーズを勘案して設定し、（介護医療院基準第４条第１項第１号から第４号まで）

ⅱ　リハビリテーション専門職、栄養士、放射線技師、その他の従業者は施設全体として配置をすることを念頭に設定することとする。（介護医療院基準第４条第１項第５号から第９号まで）

ウ　設備

療養室については、定員４名以下、１人あたり床面積を8.0 ㎡/人以上とし、療養環境をより充実する観点から、４名以下の多床室であってもプライバシーに配慮した環境になるよ

う努めることとする。（介護医療院基準第5条第2項第1号）

　　また、療養室以外の設備基準については、介護療養型医療施設で提供される医療水準を提供する観点から、診察室、処置室、機能訓練室、臨床検査設備、エックス線装置等を求めることとする。その際、医療設備については、医療法等において求められている衛生面での基準との整合性を図ることとする。（介護医療院基準第5条第2項第2号から第10号まで、第6条第1項第4号、第33条第3項）

　エ　運営

　　運営基準については、介護療養型医療施設の基準と同様としつつ、他の介護保険施設との整合性や長期療養を支えるサービスという観点も鑑みて設定することとする。
（介護医療院基準第4章）

　　なお、これまで病院として求めていた医師の宿直については引き続き求めることとするが、一定の条件を満たす場合等に一定の配慮を行うこととする。（介護医療院基準第27条第3項）

　オ　医療機関との併設の場合の取扱い

　　医療機関と併設する場合については、医療資源の有効活用の観点から、宿直の医師を兼任できるようにする等の人員基準の緩和や設備の共用を可能とする。（介護医療院基準第4条第6項及び第7項並びに第5条第3項等）

　カ　ユニットケア

　　他の介護保険施設でユニット型を設定していることから、介護医療院でもユニット型を設定することとする。（介護医療院基準第5章）

② 介護医療院への転換

　ア　基準の緩和等

　　介護療養型医療施設又は医療療養病床から介護医療院に転換する場合について、療養室の床面積や廊下幅等の基準緩和等、現行の介護療養型医療施設又は医療療養病床が転換するにあたり配慮が必要な事項については、基準の緩和等を行うこととする。（介護医療院基準附則第2条から第5条まで）

　イ　介護療養型老人保健施設の取扱い

　　介護療養型老人保健施設についても、上記と同様の転換支援策を用意するとともに、転換前の介護療養型医療施設又は医療療養病床では有していたが転換の際に一部撤去している可能性がある設備等については、サービスに支障の無い範囲で配慮を行うこととする。（介護医療院基準附則第6条から第10条まで）

③ 身体的拘束等の適正化　略　上記(2)の①参照

5　平成30年度改正介護保険法（抜粋）
介護保険法（平成9年法律第123号最終改正平成29年6月2日法律第52号）

（定義）
第7条1～4　（略）
5　この法律において「介護支援専門員」とは、要介護者又は要支援者（以下「要介護者等」という。）からの相談に応じ、及び要介護者等がその心身の状況等に応じ適切な居宅サービス、地域密着型サービス、施設サービス、介護予防サービス若しくは地域密着型介護予防サービス又は特定介護予防・日常生活支援総合事業を利用できるよう市町村、居宅サービス事業を行う者、地域密着型サービス事業を行う者、介護保険施設、介護予防サービス事業を行う者、地域密着型介護予防サービス事業を行う者、特定介護予防・日常生活支援総合事業を行う者等との連絡調整等を行う者であって、要介護者等が自立した日常生活を営むのに必要な援助に関する専門的知識及び技術を有するものとして第69条の7第1項の介護支援専門員証の交付を受けたものをいう。
（以下略）

第8条　（略）
2　この法律において「訪問介護」とは、要介護者であって、居宅において介護を受けるものについて、その者の居宅において介護福祉士その他政令で定める者により行われる入浴、排せつ、食事等の介護その他の日常生活上の世話であって、厚生労働省令で定めるもの（定期巡回・随時対応型訪問介護看護又は夜間対応型訪問介護に該当するものを除く。）をいう。

3～11　（略）
12　この法律において「福祉用具貸与」とは、居宅要介護者について福祉用具のうち厚生労働大臣が定めるものの政令で定めるところにより行われる貸与をいう。

13　（略）
14　この法律において「地域密着型サービス」とは、定期巡回・随時対応型訪問介護看護、夜間対応型訪問介護、地域密着型通所介護、認知症対応型通所介護、小規模多機能型居宅介護、認知症対応型共同生活介護、地域密着型特定施設入居者生活介護、地域密着型介護老人福祉施設入所者生活介護及び複合型サービスをいい、「特定地域密着型サービス」とは、定期巡回・随時対応型訪問介護看護、夜間対応型訪問介護、地域密着型通所介護、認知症対応型通所介護、小規模多機能型居宅介護及び複合型サービスをいい、「地域密着型サービス事業」とは、地域密着型サービスを行う事業をいう。

15～21　（略）
22　この法律において「地域密着型介護老人福祉施設」とは、老人福祉法第20条の5に規定する特別養護老人ホーム（入所定員が29人以下であるものに限る。）であって、当該特別養護老人ホームに入所する要介護者に対し、地域密着型施設サービス計画に基づいて、入浴、排せつ、食事等の介護その他の日常生活上の世話、機能訓練、健康管理及び療養上の世話を行うことを目的とする施設をいい「地域密着型介護老人福祉施設入所者生活介護」とは、地域密着型介護老人福祉施設に入所する要介護者に対し、地域密着型施設サービス計画に基づいて行われる入浴、排せつ、食事等の介護その他の日常生活上の世話、機能訓練、健康管理及び療養上の世話をいう。

23　(略)
24　この法律において「居宅介護支援」とは、居宅要介護者が第41条第1項に規定する指定居宅サービス又は特例居宅介護サービス費に係る居宅サービス若しくはこれに相当するサービス、第42条の2第1項に規定する指定地域密着型サービス又は特例地域密着型介護サービス費に係る地域密着型サービス若しくはこれに相当するサービス及びその他の居宅において日常生活を営むために必要な保健医療サービス又は福祉サービスの適切な利用等をすることができるよう、当該居宅要介護者の依頼を受けて、その心身の状況、その置かれている環境、当該居宅要介護者及びその家族の希望等を勘案し、利用する指定居宅サービス等の種類及び内容、これを担当する者その他厚生労働省令で定める事項を定めた計画を作成するとともに、当該居宅サービス計画に基づく指定居宅サービス等の提供が確保されるよう、第41条第1項に規定する指定居宅サービス事業者、第42条の2第1項に規定する指定地域密着型サービス事業者その他の者との連絡調整その他の便宜の提供を行い、並びに当該居宅要介護者が地域密着型介護老人福祉施設又は介護保険施設への入所を要する場合にあっては、地域密着型介護老人福祉施設又は介護保険施設への紹介その他の便宜の提供を行うことをいい、「居宅介護支援事業」とは、居宅介護支援を行う事業をいう。(以下略)

第8条の2　この法律において「介護予防サービス」とは、介護予防訪問入浴介護、介護予防訪問看護、介護予防訪問リハビリテーション、介護予防居宅療養管理指導、介護予防通所リハビリテーション、介護予防短期入所生活介護、介護予防短期入所療養介護、介護予防特定施設入居者生活介護、介護予防福祉用具貸与及び特定介護予防福祉用具販売をいい、「介護予防サービス事業」とは、介護予防サービスを行う事業をいう。
2　この法律において「介護予防訪問入浴介護」とは、要支援者であって、居宅において支援を受けるものについて、その介護予防を目的として、厚生労働省令で定める場合に、その者の居宅を訪問し、厚生労働省令で定める期間にわたり浴槽を提供して行われる入浴の介護をいう。
3～11　(略)
12　この法律において「地域密着型介護予防サービス」とは、介護予防認知症対応型通所介護、介護予防小規模多機能型居宅介護及び介護予防認知症対応型共同生活介護をいい、「特定地域密着型介護予防サービス」とは、介護予防認知症対応型通所介護及び介護予防小規模多機能型居宅介護をいい、「地域密着型介護予防サービス事業」とは、地域密着型介護予防サービスを行う事業をいう。
13～15　(略)
16　この法律において「介護予防支援」とは、居宅要支援者が第53条第1項に規定する指定介護予防サービス又は特例介護予防サービス費に係る介護予防サービス若しくはこれに相当するサービス、第54条の2第1項に規定する指定地域密着型介護予防サービス又は特例地域密着型介護予防サービス費に係る地域密着型介護予防サービス若しくはこれに相当するサービス、特定介護予防・日常生活支援総合事業及びその他の介護予防に資する保健医療サービス又は福祉サービスの適切な利用等をすることができるよう、第115条の46第1項に規定する地域包括支援センターの職員のうち厚生労働省令で定める者が、当該居宅要支援者の依頼を受けて、その心身の状

況、その置かれている環境、当該居宅要支援者及びその家族の希望等を勘案し、利用する指定介護予防サービス等の種類及び内容、これを担当する者その他厚生労働省令で定める事項を定めた計画を作成するとともに、当該介護予防サービス計画に基づく指定介護予防サービス等の提供が確保されるよう、第53条第1項に規定する指定介護予防サービス事業者、第54条の2第1項に規定する指定地域密着型介護予防サービス事業者、特定介護予防・日常生活支援総合事業を行う者その他の者との連絡調整その他の便宜の提供を行うことをいい、「介護予防支援事業」とは、介護予防支援を行う事業をいう。

(住所地特例対象施設に入所又は入居中の被保険者の特例)

第13条　1及び2　(略)

3　第1項の規定により同項に規定する当該他の市町村が行う介護保険の被保険者とされた者又は前項の規定により同項各号に定める当該他の市町村が行う介護保険の被保険者とされた者が入所等をしている住所地特例対象施設は、当該住所地特例対象施設の所在する市町村(以下「施設所在市町村」という。)及び当該住所地特例適用被保険者に対し介護保険を行う市町村に、必要な協力をしなければならない。

(不正利得の徴収等)

第22条　偽りその他不正の行為によって保険給付を受けた者があるときは、市町村は、その者からその給付の価額の全部又は一部を徴収することができるほか、当該偽りその他不正の行為によって受けた保険給付が第51条の3第1項の規定による特定入所者介護サービス費の支給、第51条の4第1項の規定による特例特定入所者介護サービス費の支給、第61条の3第1項の規定による特定入所者介護予防サービス費の支給又は第61条の4第1項の規定による特例特定入所者介護予防サービス費の支給であるときは、市町村は、厚生労働大臣の定める基準により、その者から当該偽りその他不正の行為によって支給を受けた額の100分の200に相当する額以下の金額を徴収することができる。

2～3　(略)

(要支援認定)

第32条　1～3　(略)

4　認定審査会は、前項の規定により審査及び判定を求められたときは、厚生労働大臣が定める基準に従い、当該審査及び判定に係る被保険者について、同項各号に規定する事項に関し審査及び判定を行い、その結果を市町村に通知するものとする。この場合において、認定審査会は、必要があると認めるときは、次に掲げる事項について、市町村に意見を述べることができる。

一　当該被保険者の要支援状態の軽減又は悪化の防止のために必要な療養及び家事に係る援助に関する事項

二　第53条第1項に規定する指定介護予防サービス若しくは第54条の2第1項に規定する指定地域密着型介護予防サービス又は特定介護予防・日常生活支援総合事業の適切かつ有効な利用等に関し当該被保険者が留意すべき事項

5～9　(略)

（一定以上の所得を有する要介護被保険者に係る居宅介護サービス費等の額）

第49条の2　第1号被保険者であって政令で定めるところにより算定した所得の額が政令で定める額以上である要介護被保険者（次項に規定する要介護被保険者を除く。）が受ける次の各号に掲げる介護給付について当該各号に定める規定を適用する場合においては、これらの規定中「100分の90」とあるのは「100分の80」とする。（以下略）

（居宅介護サービス費等の額の特例）

第50条　（略）

2　市町村が、災害その他の厚生労働省令で定める特別の事情があることにより、居宅サービス、地域密着型サービス若しくは施設サービス又は住宅改修に必要な費用を負担することが困難であると認めた要介護被保険者が受ける前条各号に掲げる介護給付について当該各号に定める規定を適用する場合（同条の規定により読み替えて適用する場合に限る。）においては、同条の規定により読み替えて適用するこれらの規定中「100分の80」とあるのは、「100分の80を超え100分の100以下の範囲内において市町村が定めた割合」とする。

（特定入所者介護サービス費の支給）

第51条の3　市町村は、要介護被保険者のうち所得及び資産の状況その他の事情をしん酌して厚生労働省令で定めるものが、次に掲げる指定施設サービス等、指定地域密着型サービス又は指定居宅サービスを受けたときは、当該要介護被保険者に対し、当該特定介護サービスを行う介護保険施設、指定地域密着型サービス事業者又は指定居宅サービス事業者における食事の提供に要した費用及び居住又は滞在に要した費用について、特定入所者介護サービス費を支給する。ただし、当該特定入所者が、第37条第1項の規定による指定を受けている場合において、当該指定に係る種類以外の特定介護サービスを受けたときは、この限りでない。

一～五　（略）

（介護予防サービス計画費の支給）

第58条　市町村は、居宅要支援被保険者が、当該市町村（住所地特例適用居宅要支援被保険者に係る介護予防支援にあっては、施設所在市町村）の長が指定する者（以下「指定介護予防支援事業者」という。）から当該指定に係る介護予防支援事業を行う事業所により行われる介護予防支援（以下「指定介護予防支援」という。）を受けたときは、当該居宅要支援被保険者に対し、当該指定介護予防支援に要した費用について、介護予防サービス計画費を支給する。

2～8　（略）

（一定以上の所得を有する居宅要支援被保険者に係る介護予防サービス費等の額）

第59条の2　第1号被保険者であって政令の定めるところにより算定した所得の額が政令で定める額以上である居宅要支援被保険者（次項に規定する居宅要支援被保険者を除く。）が受ける次の各号に掲げる予防給付について当該各号に定める規定を適用する場合においては、これらの規定中「100分の90」とあるのは、「100分の80」とする。　（以下略）

（介護予防サービス費等の額の特例）

第60条　（略）

2　市町村が、災害その他の厚生労働省令で定める特別の事情があることにより、介護予防サービ

ス、地域密着型介護予防サービス又は住宅改修に必要な費用を負担することが困難であると認めた居宅要支援被保険者が受ける前条各号に掲げる予防給付について当該各号に定める規定を適用する場合（同条の規定により読み替えて適用する場合に限る。）においては、同条の規定により読み替えて適用するこれらの規定中「100分の80」とあるのは「100分の80を超え100分の100以下の範囲内において市町村が定めた割合」とする。

（特定入所者介護予防サービス費の支給）

第61条の3　市町村は、居宅要支援被保険者のうち所得及び資産の状況その他の事情をしん酌して厚生労働省令で定めるものが、次に掲げる指定介護予防サービス（以下この条及び次条第1項において「特定介護予防サービス」という。）を受けたときは、当該居宅要支援被保険者（以下この条及び次条第1項において「特定入所者」という。）に対し、当該特定介護予防サービスを行う指定介護予防サービス事業者（以下この条において「特定介護予防サービス事業者」という。）における食事の提供に要した費用及び滞在に要した費用について、特定入所者介護予防サービス費を支給する。ただし、当該特定入所者が、第37条第1項の規定による指定を受けている場合において、当該指定に係る種類以外の特定介護予防サービスを受けたときは、この限りでない。

一～二（略）

2～9（略）

（医療保険各法の規定による保険料等に未納がある者に対する保険給付の一時差止）

第68条　1～4（略）

5　市町村は、要介護被保険者等についての保険給付差止の記載に関し必要があると認めるときは、当該要介護被保険者等の加入する医療保険者（当該要介護被保険者等が全国健康保険協会の管掌する健康保険の被保険者（健康保険法第3条第4項に規定する任意継続被保険者を除く。）若しくはその被扶養者又は船員保険の被保険者（略）若しくはその被扶養者である場合には、厚生労働大臣。以下この条において同じ。）に対し、当該要介護被保険者等に係る医療保険各法の規定により徴収される保険料（地方税法の規定により徴収される国民健康保険税を含む。）又は掛金の納付状況その他厚生労働省令で定める事項について、厚生労働省令で定めるところにより、当該要介護被保険者等の加入する医療保険者に対し、情報の提供を求めることができる。

（保険料を徴収する権利が消滅した場合の保険給付の特例）

第69条　1及び2　（略）

3　第1項の規定により給付額減額等の記載を受けた要介護被保険者等が、当該記載を受けた日の属する月の翌月の初日から当該給付額減額期間が経過するまでの間に利用した居宅サービス（中略）、地域密着型サービス（中略）、施設サービス、介護予防サービス及び地域密着型介護予防サービス並びに行った住宅改修に係る次の各号に掲げる介護給付等について当該各号に定める規定を適用する場合においては、これらの規定中「100分の90」とあるのは「100分の70」とする。

一～十四　（略）

4　第1項の規定により給付額減額等の記載を受けた要介護被保険者等が、当該記載を受けた日の属する月の翌月の初日から当該給付額減額期間が経過するまでの間に利用した居宅サービス、地

域密着型サービス、施設サービス、介護予防サービス及び地域密着型介護予防サービス並びに行った住宅改修に係る前項各号に掲げる介護給付等について当該各号に定める規定を適用する場合においては、第49条の2又は第59条の2の規定により読み替えて適用するこれらの規定中「100分の80」とあるのは、「100分の70」とする。

5～9　（略）

（介護支援専門員の義務）

第69条の34　介護支援専門員は、その担当する要介護者等の人格を尊重し、常に当該要介護者等の立場に立って、当該要介護者等に提供される居宅サービス、地域密着型サービス、施設サービス、介護予防サービス若しくは地域密着型介護予防サービス又は特定介護予防・日常生活支援総合事業が特定の種類又は特定の事業者若しくは施設に不当に偏ることのないよう、公正かつ誠実にその業務を行わなければならない。

2　（略）

3　介護支援専門員は、要介護者等が自立した日常生活を営むのに必要な援助に関する専門的知識及び技術の水準を向上させ、その他その資質の向上を図るよう努めなければならない。

（地域支援事業）

第115条の45　市町村は、被保険者（当該市町村が行う介護保険の住所地特例適用被保険者を除き、当該市町村の区域内に所在する住所地特例対象施設に入所等をしている住所地特例適用被保険者を含む。第3項第3号及び第115条の49を除き、以下この章において同じ。）の要介護状態等となることの予防又は要介護状態等の軽減若しくは悪化の防止及び地域における自立した日常生活の支援のための施策を総合的かつ一体的に行うため、厚生労働省令で定める基準に従って、地域支援事業として、次に掲げる事業（以下「介護予防・日常生活支援総合事業」という。）を行うものとする。

一　居宅要支援被保険者その他の厚生労働省令で定める被保険者（以下「居宅要支援被保険者等」という。）に対して、次に掲げる事業を行う事業（以下「第1号事業」という。）

イ　居宅要支援被保険者等の介護予防を目的として、当該居宅要支援被保険者等の居宅において、厚生労働省令で定める基準に従って、厚生労働省令で定める期間にわたり日常生活上の支援を行う事業（以下この項において「第1号訪問事業」という。）

ロ　居宅要支援被保険者等の介護予防を目的として、厚生労働省令で定める施設において、厚生労働省令で定める基準に従って、厚生労働省令で定める期間にわたり日常生活上の支援又は機能訓練を行う事業（以下この項において「第1号通所事業」という。）

ハ　厚生労働省令で定める基準に従って、介護予防サービス事業若しくは地域密着型介護予防サービス事業又は第1号訪問事業若しくは第1号通所事業と一体的に行われる場合に効果があると認められる居宅要支援被保険者等の地域における自立した日常生活の支援として厚生労働省令で定めるものを行う事業

ニ　居宅要支援被保険者等（指定介護予防支援又は特例介護予防サービス計画費に係る介護予防支援を受けている者を除く。）の介護予防を目的として、厚生労働省令で定める基準に従って、その心身の状況、その置かれている環境その他の状況に応じて、その選択に基づき、第1号訪問事業、第1号通所事業又は第1号生活支援事業その他の適切な事業が包括的かつ効率的に提供され

るよう必要な援助を行う事業（以下「第１号介護予防支援事業」という。）
二　被保険者（第１号被保険者に限る。）の要介護状態等となることの予防又は要介護状態等の軽減若しくは悪化の防止のため必要な事業（介護予防サービス事業及び地域密着型介護予防サービス事業並びに第１号訪問事業及び第１号通所事業を除く。）
２　市町村は、介護予防・日常生活支援総合事業のほか、被保険者が要介護状態等となることを予防するとともに、要介護状態等となった場合においても、可能な限り、地域において自立した日常生活を営むことができるよう支援するため、地域支援事業として、次に掲げる事業を行うものとする。
一　被保険者の心身の状況、その居宅における生活の実態その他の必要な実情の把握、保健医療、公衆衛生、社会福祉その他の関連施策に関する総合的な情報の提供、関係機関との連絡調整その他の被保険者の保健医療の向上及び福祉の増進を図るための総合的な支援を行う事業
二　被保険者に対する虐待の防止及びその早期発見のための事業その他の被保険者の権利擁護のため必要な援助を行う事業
三　保健医療及び福祉に関する専門的知識を有する者による被保険者の居宅サービス計画及び施設サービス計画の検証、その心身の状況、介護給付等対象サービスの利用状況その他の状況に関する定期的な協議その他の取組を通じ、当該被保険者が地域において自立した日常生活を営むことができるよう、包括的かつ継続的な支援を行う事業
四　医療に関する専門的知識を有する者が、介護サービス事業者、居宅における医療を提供する医療機関その他の関係者の連携を推進するものとして厚生労働省令で定める事業
五　被保険者の地域における自立した日常生活の支援及び要介護状態等となることの予防又は要介護状態等の軽減若しくは悪化の防止に係る体制の整備その他のこれらを促進する事業
六　保健医療及び福祉に関する専門的知識を有する者による認知症の早期における症状の悪化の防止のための支援その他の認知症である又はその疑いのある被保険者に対する総合的な支援を行う事業
３　市町村は、介護予防・日常生活支援総合事業及び前項各号に掲げる事業のほか、厚生労働省令で定めるところにより、地域支援事業として、次に掲げる事業を行うことができる。
一及び二　（略）
三　その他介護保険事業の運営の安定化及び被保険者（当該市町村の区域内に所在する住所地特例対象施設に入所等をしている住所地特例適用被保険者を含む。）の地域における自立した日常生活の支援のため必要な事業
４　地域支援事業は、当該市町村における介護予防に関する事業の実施状況、介護保険の運営の状況、75歳以上の被保険者の数その他の状況を勘案して政令で定める額の範囲内で行うものとする。
５　（略）
（介護予防・日常生活支援総合事業の指針等）
第115条の45の２　厚生労働大臣は、市町村が行う介護予防・日常生活支援総合事業に関して、その適切かつ有効な実施を図るため必要な指針を公表するものとする。
２　市町村は、定期的に、介護予防・日常生活支援総合事業の実施状況について、調査、分析及び

評価を行うよう努めるとともに、その結果に基づき必要な措置を講ずるよう努めるものとする。

(指定事業者による第１号事業の実施)
第115条の45の３　市町村は、第１号事業については、居宅要支援被保険者等が、当該市町村の長が指定する者の当該指定に係る第１号事業を行う事業所により行われる当該第１号事業を利用した場合において、当該居宅要支援被保険者等に対し、当該第１号事業に要した費用について、第１号事業支給費を支給することにより行うことができる。
２　前項の第１号事業支給費の額は、第１号事業に要する費用の額を勘案して、厚生労働省令で定めるところにより算定する額とする。
３〜５　（略）
６　市町村は、前項の規定による審査及び支払に関する事務を連合会に委託することができる。
７　（略）

(租税その他の公課の禁止)
第115条の45の４　租税その他の公課は、第１号事業支給費として支給を受けた金銭を標準として、課することができない。

(指定事業者の指定)
第115条の45の５　第115条の45の３第１項の指定（第115条の45の７第１項を除き、以下この章において「指定事業者の指定」という。）は、厚生労働省令で定めるところにより、第１号事業を行う者の申請により、当該事業の種類及び当該事業の種類に係る当該第１号事業を行う事業所ごとに行う。
２　市町村長は、前項の申請があった場合において、申請者が、厚生労働省令で定める基準に従って適正に第１号事業を行うことができないと認められるときは、指定事業者の指定をしてはならない。

(指定の更新)
第115条の45の６　指定事業者の指定は、厚生労働省令で定める期間ごとにその更新を受けなければ、その期間の経過によって、その効力を失う。
２　前項の更新の申請があった場合において、同項の期間の満了の日までにその申請に対する処分がされないときは、従前の指定事業者の指定は、有効期間の満了後もその処分がされるまでの間は、なおその効力を有する。
３　前項の場合において、指定事業者の指定の更新がされたときは、その有効期間は、従前の有効期間の満了の日の翌日から起算するものとする。
４　前条の規定は、指定事業者の指定の更新について準用する。

(報告等)
第115条の45の７　市町村長は、第１号事業支給費の支給に関して必要があると認めるときは、指定事業者若しくは指定事業者であった者若しくは当該第115条の45の３第１項の指定に係る事業所の従業者であった者（以下この項において「指定事業者であった者等」という。）に対し、報告若しくは帳簿書類の提出若しくは提示を命じ、指定事業者若しくは当該指定に係る事業所の従業者若しくは指定事業者であった者等に対し出頭を求め、又は当該職員に、関係者に対し

て質問させ、若しくは当該指定事業者の当該指定に係る事業所、事務所その他当該指定事業者が行う第1号事業に関係のある場所に立ち入り、その設備若しくは帳簿書類その他の物件を検査させることができる。

2　第24条第3項の規定は前項の規定による質問又は検査について、同条第4項の規定は前項の規定による権限について、それぞれ準用する。

（市町村の連絡調整等）

第115条の45の10　市町村は、第115条の45第2項第4号に掲げる事業の円滑な実施のために必要な関係者相互間の連絡調整を行うことができる。

2　市町村が行う第115条の45第2項第4号に掲げる事業の関係者は、当該事業に協力するよう努めなければならない。

3　都道府県は、市町村が行う第115条の45第2項第4号に掲げる事業に関し、情報の提供その他市町村に対する必要な協力をすることができる。

（政令への委任）

第115条の45の11　第115条の45から前条までに規定するもののほか、地域支援事業の実施に関し必要な事項は、政令で定める。

（地域包括支援センター）

第115条の46　地域包括支援センターは、第1号介護予防支援事業（居宅要支援被保険者に係るものを除く。）及び第115条の45第2項各号に掲げる事業その他厚生労働省令で定める事業を実施し、地域住民の心身の健康の保持及び生活の安定のために必要な援助を行うことにより、その保健医療の向上及び福祉の増進を包括的に支援することを目的とする施設とする。

2　（略）

3　次条第1項の規定による委託を受けた者は、包括的支援事業その他第1項の厚生労働省令で定める事業を実施するため、厚生労働省令で定めるところにより、あらかじめ、厚生労働省令で定める事項を市町村長に届け出て、地域包括支援センターを設置することができる。

4　地域包括支援センターの設置者は、自らその実施する事業の質の評価を行うことその他の措置を講ずることにより、その実施する事業の質の向上に努めなければならない。

5～6　（略）

7　地域包括支援センターの設置者は、包括的支援事業の効果的な実施のために、介護サービス事業者、医療機関、民生委員法に定める民生委員、被保険者の地域における自立した日常生活の支援又は要介護状態等となることの予防若しくは要介護状態等の軽減若しくは悪化の防止のための事業を行う者その他の関係者との連携に努めなければならない。

8　（略）

9　市町村は、定期的に、地域包括支援センターにおける事業の実施状況について、点検を行うよう努めるとともに、必要があると認めるときは、次条第1項の方針の変更その他の必要な措置を講ずるよう努めなければならない。

10　市町村は、地域包括支援センターが設置されたとき、その他厚生労働省令で定めるときは、厚生労働省令で定めるところにより、当該地域包括支援センターの事業の内容及び運営状況に関する情報を公表するよう努めなければならない。（以下略）

（実施の委託）

第115条の47　市町村は、老人福祉法第20条の7の2第1項に規定する老人介護支援センターの設置者その他の厚生労働省令で定める者に対し、厚生労働省令で定めるところにより、包括的支援事業の実施に係る方針を示して、当該包括的支援事業を委託することができる。

2　前項の規定による委託は、包括的支援事業の全てにつき一括して行わなければならない。

3　前条第7項及び第8項の規定は、第1項の規定による委託を受けた者について準用する。

4　市町村は、介護予防・日常生活支援総合事業については、当該介護予防・日常生活支援総合事業を適切に実施することができるものとして厚生労働省令で定める基準に適合する者に対して、当該各号に掲げる事業の実施を委託することができる。

5　前項の規定により第1号介護予防支援事業の実施の委託を受けた者は、厚生労働省令で定めるところにより、当該委託を受けた事業の一部を、厚生労働省令で定める者に委託することができる。

6　市町村長は、介護予防・日常生活支援総合事業について、第1項又は第4項の規定により、その実施を委託した場合には、当該委託を受けた者に対する当該実施に必要な費用の支払決定に係る審査及び支払の事務を連合会に委託することができる。

7　前項の規定による委託を受けた連合会は、当該委託をした市町村長の同意を得て、厚生労働省令で定めるところにより、当該委託を受けた事務の一部を、営利を目的としない法人であって厚生労働省令で定める要件に該当する者に委託することができる。

8　（略）

9　市町村は、第115条の45第3項各号に掲げる事業の全部又は一部について、老人福祉法第20条の7の2第1項に規定する老人介護支援センターの設置者その他の当該市町村が適当と認める者に対し、その実施を委託することができる。

（会議）

第115条の48　市町村は、第115条の45第2項第3号に掲げる事業の効果的な実施のために、介護支援専門員、保健医療及び福祉に関する専門的知識を有する者、民生委員その他の関係者、関係機関及び関係団体により構成される会議を置くように努めなければならない。（以下略）

（連合会の業務）

第176条　連合会は、国民健康保険法の規定による業務のほか、次に掲げる業務を行う。

一　（略）

二　第115条の45の3第6項の規定により市町村から委託を受けて行う第1号事業支給費の請求に関する審査及び支払並びに第115条の47第6項の規定により市町村から委託を受けて行う介護予防・日常生活支援総合事業の実施に必要な費用の支払決定に係る審査及び支払であって、前号に掲げる業務の内容との共通性その他の事情を勘案して厚生労働省令で定めるもの

三　（略）

2　連合会は、前項各号に掲げる業務のほか、介護保険事業の円滑な運営に資するため、次に掲げる業務を行うことができる。

一及び二　（略）

三　第115条の47第6項の規定により市町村から委託を受けて行う介護予防・日常生活支援総合

事業の実施に必要な費用の支払決定に係る審査及び支払（前項第2号に掲げるものを除く。）
四　（略）
(給付費等審査委員会の組織)
　第180条　1及び2　　（略）
3　前項の委嘱は、介護給付等対象サービス担当者又は介護予防・日常生活支援総合事業担当者を代表する委員及び市町村を代表する委員については、それぞれ関係団体の推薦によって行わなければならない。
(厚生労働省令への委任)
第182条　この章に規定するもののほか、給付費等査委員会に関して必要な事項は、厚生労働省令で定める。
(賦課決定の期間制限)
第200条の2　保険料の賦課決定は、当該年度における最初の保険料の納期の翌日から起算して2年を経過した日以後においては、することができない。
(被保険者等に関する調査)
第202条　市町村は、被保険者の資格、保険給付、地域支援事業及び保険料に関して必要があると認めるときは、被保険者、被保険者の配偶者若しくは被保険者の属する世帯の世帯主その他その世帯に属する者又はこれらであった者に対し、文書その他の物件の提出若しくは提示を命じ、又は当該職員に質問させることができる。
2　（略）
(資料の提供等)
第203条　市町村は、保険給付、地域支援事業及び保険料に関して必要があると認めるときは、被保険者、被保険者の配偶者若しくは被保険者の属する世帯の世帯主その他その世帯に属する者の資産若しくは収入の状況又は被保険者に対する老齢等年金給付の支給状況につき、官公署若しくは年金保険者に対し必要な文書の閲覧若しくは資料の提供を求め、又は銀行、信託会社その他の機関若しくは被保険者の雇用主その他の関係人に報告を求めることができる。　　　（以下略）

6 「地域包括ケアシステムの強化のための介護保険法等の一部を改正する法律」の概要

【30年改正主要事項】
1 介護保険法の改正（平成9年法律第123号　最終改正平成29年6月2日法律第52号）
　(1) **介護医療院の創設**（介護保険法第8条第29項関係）
　(2) **共生型居宅サービス事業者の創設**（介護保険法第72条の2関係）
　(3) 認知症に関する施策の総合的な推進等に関する事項
　　① 認知症に関する知識の普及及び啓発（法第5条の2第1項関係）
　　② 介護者の支援その他の認知症に関する施策を総合的に推進（法第5条の2第2項関係）
　(4) **利用者負担の見直し**に関する事項
　　一定以上の所得を有する第一号被保険者の負担を3割に（法第49条の2、59条の2関係）
　(5) 被用者保険等保険者の介護納付金を**標準報酬総額**にする。（介護保険法第152条及び第153条関係）
　(6) 地域包括支援センターの機能強化に関する事項
　　市町村等は、地域包括支援センターの事業について評価を行うとともに、必要な措置を講じなければならないものとすること。（介護保険法第115条の46関係）
　（行政の役割等関係）
　(7) 国及び地方公共団体の責務に関する事項
　　医療及び居住に関する施策との有機的な連携を図りつつ包括的に推進するに当たっては、**障害者その他の者の福祉に関する施策との有機的な連携を図る**よう努めなければならないものとすること。（介護保険法第5条第4項関係）
　(8) 被保険者の自立した日常生活の支援等の施策等に関する事項
　　① 被保険者の日常生活の支援、要介護状態等の予防又は要介護状態等の軽減若しくは悪化の防止等のための取り組むべき施策及び目標を市町村介護保険事業計画の記載事項に追加（介護保険法第117条第2項及び第118条第2項関係）
　　　＊ 介護保険事業計画・地域福祉計画への反映が求められた。
　(9) 居宅サービス等への市町村長の関与に関する事項（法第70条及び115条の2関係）
　(10) 地域密着型通所介護に係る指定に関する事項
　　地域密着型通所介護等の量が、介護保険事業計画見込量に達している場合、指定をしないことができる。（介護保険法第78条の2第6項関係）
　(11) 有料老人ホームに係る指定の取消し等に関する事項（介護保険法第78条の10関係）
　(12) 都道府県による市町村に対する支援等に関する事項（介護保険法第115条の45の10第1項及び第2項関係）（介護保険法第115条の45の10第3項関係）
2 健康保険法の改正
　介護療養型医療施設の介護保険法等の有効期限を6年延長すること。（健康保険法等の一部を改正する法律附則第130条の2関係）

3　社会福祉法の改正（昭和26年3月29日法律第45号　最終改正：平成29年6月2日法律第52号）

> 地域共生社会の構築に向けて、社会福祉法改正が行われました。そこでは住民の役割、住民をサポートする市町村の役割等が新たに規定されました。

【改正の概要】
1 <u>地域共生社会の実現に向けて</u>、地域福祉の推進の理念として、地域住民等は、福祉サービスを必要とする地域住民及びその世帯が抱える様々な分野にわたる地域生活課題を把握し、その解決に資する支援を行う関係機関との連携等によりその解決を図る旨を追加すること。（社会福祉法第4条関係）
2 市町村は、地域住民等及び地域生活課題の解決に資する支援を行う関係機関の地域福祉の推進のための相互の協力が円滑に行われ、地域生活課題の解決に資する支援が包括的に提供される体制を整備するよう努めるものとすること。（社会福祉法第106条の3関係）
3 市町村及び都道府県は、それぞれ市町村地域福祉計画及び都道府県地域福祉支援計画を策定するよう努めることとするとともに、計画の記載事項として福祉に関し共通して取り組むべき事項を追加すること。

（平成29年6月2日厚労省医政局長、社会援護・局長、老健局長連名通知）

（参考）社会福祉法　改正文一部
<u>第4条　2　**地域住民等は**、地域福祉の推進に当たっては、福祉サービスを必要とする地域住民及びその世帯が抱える福祉、介護、介護予防、保健医療、住まい、就労及び教育に関する課題、福祉サービスを必要とする地域住民の地域社会からの孤立その他福祉サービスを必要とする地域住民が日常生活を営み、あらゆる分野の活動に参加する機会が確保される上での各般の課題を把握し、地域生活課題の解決に資する支援を行う**関係機関との連携等によりその解決を図るよう特に留意**するものとする。</u>
（包括的な支援体制の整備）
第106条の3　**市町村は**、次に掲げる事業の実施その他の各般の措置を通じ、**地域住民等及び支援関係機関による**、**地域福祉の推進のための相互の協力が円滑に行われ、地域生活課題の解決に資する支援が包括的に提供される体制を整備**するよう努めるものとする。
一 地域福祉に関する活動への地域住民の参加を促す活動を行う者に対する支援、地域住民等が**相互に交流を図ることができる拠点の整備、地域住民等に対する研修の実施**その他の地域住民等が地域福祉を推進するために必要な環境の整備に関する事業
二 **地域住民等**が自ら他の地域住民が抱える地域生活課題に関する相談に応じ、必要な情報の提供及び助言を行い、必要に応じて、**支援関係機関に対し、協力を求めることができる体制の整備**
以下略
<u>（市町村地域福祉計画）</u>

第107条
　市町村は、地域福祉の推進に関する事項として**次に掲げる事項を一体的に定める計画**（以下「市町村地域福祉計画」という。）を**策定するよう努める**ものとする。
一　地域における高齢者の福祉、障害者の福祉、児童の福祉その他の福祉に関し、共通して取り組むべき事項
二　地域における**福祉サービスの適切な利用の推進**に関する事項
三　地域における社会福祉を目的とする事業の健全な発達に関する事項
四　地域福祉に関する活動への**住民の参加の促進に関する事項**　　（以下略）

7　基本チェックリスト

基本チェックリスト（厚生労働省作成）

分類	No	質問項目	回答		得点
暮らしぶりその1	1	バスや電車で1人で外出していますか	0. はい	1. いいえ	
	2	日用品の買い物をしていますか	0. はい	1. いいえ	
	3	預貯金の出し入れをしていますか	0. はい	1. いいえ	
	4	友人の家を訪ねていますか	0. はい	1. いいえ	
	5	家族や友人の相談にのっていますか	0. はい	1. いいえ	
			No. 1〜5の合計		
運動器関係	6	階段を手すりや壁をつたわらずに昇っていますか	0. はい	1. いいえ	
	7	椅子に座った状態から何もつかまらずに立ち上がってますか	0. はい	1. いいえ	
	8	15分間位続けて歩いていますか	0. はい	1. いいえ	
	9	この1年間に転んだことがありますか	1. はい	0. いいえ	
	10	転倒に対する不安は大きいですか	1. はい	0. いいえ	
			No. 6〜10の合計		⇒3点以上
栄養・口腔機能等の関係	11	6ヶ月間で2〜3kg以上の体重減少はありましたか	1. はい	0. いいえ	
	12	身長（　　cm）体重（　　kg）（＊BMI 18.5未満なら該当）＊BMI（＝体重(kg)÷身長(m)÷身長(m)）	1. はい	0. いいえ	
			No. 11〜12の合計		⇒2点以上
	13	半年前に比べて堅いものが食べにくくなりましたか	1. はい	0. いいえ	
	14	お茶や汁物等でむせることがありますか	1. はい	0. いいえ	
	15	口の渇きが気になりますか	1. はい	0. いいえ	
			No. 13〜15の合計		⇒2点以上
暮らしぶりその2	16	週に1回以上は外出していますか	0. はい	1. いいえ	
	17	昨年と比べて外出の回数が減っていますか	1. はい	0. いいえ	
	18	周りの人から「いつも同じ事を聞く」などの物忘れがあると言われますか	1. はい	0. いいえ	
	19	自分で電話番号を調べて、電話をかけることをしていますか	0. はい	1. いいえ	
	20	今日が何月何日かわからない時がありますか	1. はい	0. いいえ	
			No. 18〜20の合計		
			No. 1〜20までの合計		⇒10点以上
こころ	21	（ここ2週間）毎日の生活に充実感がない	1. はい	0. いいえ	
	22	（ここ2週間）これまで楽しんでやれていたことが楽しめなくなった	1. はい	0. いいえ	
	23	（ここ2週間）以前は楽にできていたことが今ではおっくうに感じられる	1. はい	0. いいえ	
	24	（ここ2週間）自分が役に立つ人間だと思えない	1. はい	0. いいえ	
	25	（ここ2週間）わけもなく疲れたような感じがする	1. はい	0. いいえ	
			No. 21〜25の合計		

☆チェック方法
　回答欄のはい、いいえの前にある数字（0または1）を得点欄に記入してください。

☆基本チェックリストの結果の見方
　基本チェックリストの結果が、下記に該当する場合、市町村が提供する介護予防事業を利用できる可能性があります。お住まいの市町村や地域包括支援センターにご相談ください。

- ●項目6〜10の合計が3点以上
- ●項目11〜12の合計が2点
- ●項目13〜15の合計が2点以上
- ●項目1〜20の合計が10点以上

8 介護支援専門員研修制度

研修課目（実務研修）		時間
講義	介護保険制度の理念・現状及びケアマネジメント	3
	ケアマネジメントに係る法令等の理解（新）	2
	地域包括ケアシステム及び社会資源（新）	3
	ケアマネジメントに必要な医療との連携及び多職種協働の意義（新）	3
	人格の尊重及び権利擁護並びに介護支援専門員の倫理（新）	2
	ケアマネジメントのプロセス（新）	2
	実習オリエンテーション	1
講義・演習	自立支援のためのケアマネジメントの基本	6
	相談援助の専門職としての基本姿勢及び相談援助技術の基礎	4
	利用者、多くの種類の専門職等への説明及び合意（新）	2
	介護支援専門員に求められるマネジメント（チームマネジメント）（新）	2
	ケアマネジメントに必要な基礎知識及び技術	
	受付及び相談並びに契約	1
	アセスメント及びニーズの把握の方法	6
	居宅サービス計画等の作成	4
	サービス担当者会議の意義及び進め方（新）	4
	モニタリング及び評価	4
	実習振り返り	3
	ケアマネジメントの展開（新）	
	基礎理解	3
	脳血管疾患に関する事例	5
	認知症に関する事例	5
	筋骨格系疾患と廃用症候群に関する事例	5
	内臓の機能不全（糖尿病、高血圧、脂質異常症、心疾患、呼吸器疾患、腎臓病、肝臓病等）に関する事例	5
	看取りに関する事例	5
	アセスメント、居宅サービス計画等作成の総合演習（新）	5
	研修全体を振り返っての意見交換、講評及びネットワーク作り	2
実習	ケアマネジメントの基礎技術に関する実習	
	合計	87

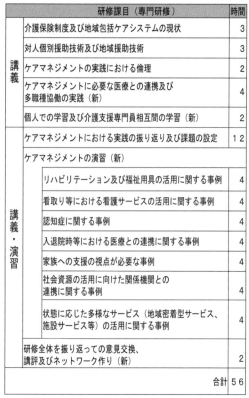

研修課目（専門研修Ⅰ）		時間
講義	介護保険制度及び地域包括ケアシステムの現状	3
	対人個別援助技術及び地域援助技術	3
	ケアマネジメントの実践における倫理	2
	ケアマネジメントに必要な医療との連携及び多職種協働の実践（新）	4
	個人での学習及び介護支援専門員相互間の学習（新）	2
講義・演習	ケアマネジメントにおける実践の振り返り及び課題の設定	12
	ケアマネジメントの演習（新）	
	リハビリテーション及び福祉用具の活用に関する事例	4
	看取り等における看護サービスの活用に関する事例	4
	認知症に関する事例	4
	入退院時等における医療との連携に関する事例	4
	家族への支援の視点が必要な事例	4
	社会資源の活用に向けた関係機関との連携に関する事例	4
	状態に応じた多様なサービス（地域密着型サービス、施設サービス等）の活用に関する事例	4
	研修全体を振り返っての意見交換、講評及びネットワーク作り（新）	2
	合計	56

研修課目（専門研修Ⅱ）		時間
講義	介護保険制度及び地域包括ケアシステムの今後の展開	4
講義・演習	ケアマネジメントにおける実践事例の研究及び発表（新）	
	リハビリテーション及び福祉用具の活用に関する事例	4
	看取り等における看護サービスの活用に関する事例	4
	認知症に関する事例	4
	入退院時等における医療との連携に関する事例	4
	家族への支援の視点が必要な事例	4
	社会資源の活用に向けた関係機関との連携に関する事例	4
	状態に応じた多様なサービス（地域密着型サービス、施設サービス等）の活用に関する事例	4
	合計	32

研修課目（主任研修）		時間
講義	主任介護支援専門員の役割と視点	5
	ケアマネジメントの実践における倫理的な課題に対する支援	2
	ターミナルケア	3
	人材育成及び業務管理	3
	運営管理におけるリスクマネジメント	3
講義・演習	地域援助技術	6
	ケアマネジメントに必要な医療との連携及び多職種協働の実現（新）	6
	対人援助者監督指導	18
	個別事例を通じた介護支援専門員に対する指導・支援の展開	24
	合計	70

研修課目（主任更新研修）		時間
講義	介護保険制度及び地域包括ケアシステムの動向（新）	4
	主任介護支援専門員としての実践の振り返りと指導及び支援の実践（新）	
講義・演習	リハビリテーション及び福祉用具活用に関する事例	6
	看取り等における看護サービスの活用に関する事例	6
	認知症に関する事例	6
	入退院時等における医療との連携に関する事例	6
	家族への支援の視点が必要な事例	6
	社会資源の活用に向けた関係機関との連携に関する事例	6
	状態に応じた多様なサービス（地域密着型サービスや施設サービス等）の活用に関する事例	6
	合計	46

実務従事者が対象

9 人生の最終段階における医療・ケアの決定プロセスに関するガイドライン
　　（厚生労働省　改訂　平成30年3月）

1　人生の最終段階における医療・ケアの在り方
① 医師等の医療従事者から適切な情報の提供と説明がなされ、それに基づいて医療・ケアを受ける本人が多専門職種の医療・介護従事者から構成される医療・ケアチームと十分な話し合いを行い、本人による意思決定を基本としたうえで、人生の最終段階における医療・ケアを進めることが最も重要な原則である。また、本人の意思は変化しうるものであることを踏まえ、本人が自らの意思をその都度示し、伝えられるような支援が医療・ケアチームにより行われ、本人との話し合いが繰り返し行われることが重要である。

さらに、本人が自らの意思を伝えられない状態になる可能性があることから、家族等の信頼できる者も含めて、本人との話し合いが繰り返し行われることが重要である。この話し合いに先立ち、本人は特定の家族等を自らの意思を推定する者として前もって定めておくことも重要である。

② 人生の最終段階における医療・ケアについて、医療・ケア行為の開始・不開始、医療・ケア内容の変更、医療・ケア行為の中止等は、医療・ケアチームによって、医学的妥当性と適切性を基に慎重に判断すべきである。

③ 医療・ケアチームにより、可能な限り疼痛やその他の不快な症状を十分に緩和し、本人・家族等の精神的・社会的な援助も含めた総合的な医療・ケアを行うことが必要である。

④ 生命を短縮させる意図をもつ積極的安楽死は、本ガイドラインでは対象としない。

2　人生の最終段階における医療・ケアの方針の決定手続
　　人生の最終段階における医療・ケアの方針決定は次によるものとする。

(1) 本人の意思の確認ができる場合
① 方針の決定は、本人の状態に応じた専門的な医学的検討を経て、医師等の医療従事者から適切な情報の提供と説明がなされることが必要である。そのうえで、本人と医療・ケアチームとの合意形成に向けた十分な話し合いを踏まえた本人による意思決定を基本とし、多専門職種から構成される医療・ケアチームとして方針の決定を行う。

② 時間の経過、心身の状態の変化、医学的評価の変更等に応じて本人の意思が変化しうるものであることから、医療・ケアチームにより、適切な情報の提供と説明がなされ、本人が自らの意思をその都度示し、伝えることができるような支援が行われることが必要である。この際、本人が自らの意思を伝えられない状態になる可能性があることから、家族等も含めて話し合いが繰り返し行われることも必要である。

③ このプロセスにおいて話し合った内容は、その都度、文書にまとめておくものとする。

(2) 本人の意思の確認ができない場合
　　本人の意思確認ができない場合には、次のような手順により、医療・ケアチームの中で慎重な判断を行う必要がある。
① 家族等が本人の意思を推定できる場合には、その推定意思を尊重し、本人にとっての最善の方

針をとることを基本とする。
② 家族等が本人の意思を推定できない場合には、本人にとって何が最善であるかについて、本人に代わる者として家族等と十分に話し合い、本人にとっての最善の方針をとることを基本とする。時間の経過、心身の状態の変化、医学的評価の変更等に応じて、このプロセスを繰り返し行う。
③ 家族等がいない場合及び家族等が判断を医療・ケアチームに委ねる場合には、本人にとっての最善の方針をとることを基本とする。
④ このプロセスにおいて話し合った内容は、その都度、文書にまとめておくものとする。

(3) 複数の専門家からなる話し合いの場の設置

上記(1)及び(2)の場合において、方針の決定に際し、
・ 医療・ケアチームの中で心身の状態等により医療・ケアの内容の決定が困難な場合
・ 本人と医療・ケアチームとの話し合いの中で、妥当で適切な医療・ケアの内容についての合意が得られない場合
・ 家族等の中で意見がまとまらない場合や、医療・ケアチームとの話し合いの中で、妥当で適切な医療・ケアの内容についての合意が得られない場合等については、複数の専門家からなる話し合いの場を別途設置し、医療・ケアチーム以外の者を加えて、方針等についての検討及び助言を行うことが必要である。

10　障害高齢者及び認知症高齢者の自立度の定義

① 障害高齢者の日常生活自立度（寝たきり度）

区分	ランク		内　容
生活自立	J		何らかの障害等を有するが、日常生活はほぼ自立しており独力で外出する。
		J-1	・交通機関等を利用して外出する。
		J-2	・隣近所へなら外出する。
準寝たきり	A		屋内での生活は概ね自立しているが、介助なしには外出しない。
		A-1	・介助により外出し、日中はほとんどベッドから離れて生活する。
		A-2	・外出の頻度は少なく、日中も寝たり起きたりの生活をしている。
寝たきり	B		屋内での生活は何らかの介助を要し、日中もベッド上での生活が主体であるが、座位を保つ。
		B-1	・介助なしに車いすに移乗し、食事、排泄はベッドから離れて行う。
		B-2	・介助により車いすに移乗する。食事や排泄にも何らかの介助が必要である。
	C		1日中ベッドの上で過ごし、排泄、食事、着替えにおいて介助を要す。
		C-1	・常時臥床しているが、自力で寝返りをうつ。
		C-2	・自力では寝返りもうてずに、常時臥床している。

「障害老人の日常生活自立度（寝たきり度）判定基準」の活用について」
（平成3年11月18日老健第102－2号厚生省大臣官房老人保健福祉部長通知）

② 認知症高齢者の日常生活自立度

ランク		判断基準	見られる症状・行動の例
Ⅰ		何らかの認知症を有するが、日常生活は家庭内及び社会的にほぼ自立している。	
Ⅱ		日常生活に支障を来すような症状・行動や意思疎通の困難さが多少見られても、誰かが注意していれば自立できる。	
	Ⅱa	家庭外で上記Ⅱの状態が見られる。	たびたび道に迷うとか、買い物や事務、金銭管理などそれまでできていたことにミスが目立つ等
	Ⅱb	家庭内で上記Ⅱの状態が見られる。	服薬管理ができない、電話の応対や訪問者との対応など一人で留守番ができない等
Ⅲ		日常生活に支障を来すような症状・行動や意思疎通の困難さが見られ、介護を必要とする。	
	Ⅲa	日中を中心として上記Ⅲの状態が見られる。	着替え、食事、排便・排尿が上手にできない、時間がかかる。やたらに物を口に入れる。物を拾い集める。徘徊、失禁、大声・奇声をあげる。火の不始末、不潔行為、性的異常行為等
	Ⅲb	夜間を中心として上記Ⅲの状態が見られる。	ランクⅢaに同じ
Ⅳ		日常生活に支障を来すような症状・行動や意思疎通の困難さが頻繁に見られ、常に介護を必要とする。	ランクⅢに同じ
M		著しい精神症状や問題行動あるいは重篤な身体疾患が見られ、専門医療を必要とする。	せん妄、妄想、興奮、自傷・他害等の精神症状や精神症状に起因する問題行動が継続する状態等

「認知症高齢者の日常生活自立度判定基準」の活用について
（平成5年10月26日老健第135号厚生省老人保健福祉局長通知）

※利用者の状態像を要介護度だけで把握するのではなく、障害高齢者及び認知症高齢者の自立度についても把握することが重要です。

11　高齢者虐待防止法と虐待の定義

　高齢者虐待防止法とは、平成17年11月の臨時国会で成立し、平成18年4月から施行された法律で正式名称は、「高齢者虐待の防止、高齢者の養護者に対する支援等に関する法律（平成17年11月9日法律第124号）（以下「高齢者虐待防止法」という。）」といいます。この法律の特徴は、虐待者を受けている者だけでなく虐待を行う者をも対象としたことです。

「養護者による高齢者虐待」の定義（高齢者虐待防止法第2条第4項）

①身体的虐待	高齢者の身体に外傷が生じ、又は生じるおそれのある暴行を加えること （例）・平手打ちする、つねる、殴る、蹴る、無理矢理食事を口に入れる、やけど・打撲させる／・ベッドに縛り付けたり、意図的に薬を過剰に服用させて、身体拘束、抑制をする　等
②ネグレクト （介護・世話の放棄・放任）	高齢者を衰弱させるような著しい減食又は長時間の放置、養護者以外の同居人による虐待行為の放置等養護を著しく怠ること （例）・入浴しておらず異臭がする、髪が伸び放題、皮膚が汚れている 　　　・水分や食事を十分に与えられないことで、空腹状態が長時間にわたって続いたり、脱水症状や栄養失調の状態にある／・室内にゴミを放置する等、劣悪な住環境の中で生活させる／・高齢者本人が必要とする介護・医療サービスを、相応の理由なく制限したり使わせない／・同居人による高齢者虐待と同様の行為を放置すること　等
③心理的虐待	高齢者に対する著しい暴言又は著しく拒絶的な対応その他の高齢者に著しい心理的外傷を与える言動を行うこと （例）・排泄の失敗を嘲笑したり、それを人前で話すなどにより高齢者に恥をかかせる／・怒鳴る、ののしる、悪口を言う／・侮辱を込めて、子どものように扱う／・高齢者が話しかけているのを意図的に無視する　等
④性的虐待	高齢者にわいせつな行為をすること又は高齢者をしてわいせつな行為をさせること （例）・排泄の失敗に対して懲罰的に下半身を裸にして放置する 　　　・キス、性器への接触、セックスを強要する　等
⑤経済的虐待	養護者又は高齢者の親族が当該高齢者の財産を不当に処分することその他当該高齢者から不当に財産上の利益を得ること （例）・日常生活に必要な金銭を渡さない・使わせない／・本人の自宅等を本人に無断で売却する／・年金や預貯金を本人の意思・利益に反して使用する　等

（参考）「高齢者虐待への対応と養護者支援について」（平成18年4月厚生労働省老健局）

（高齢者虐待防止のための取組）
① 　研修実施→事業者内での研修会の実施と、当該事業者の処遇の点検
② 　虐待を発見したときは、要因、再発防止の取組等を実施し、記録する。
③ 　保険者への報告　等

12 身体拘束について

　身体拘束の禁止は「指定介護老人福祉施設の人員・設備及び運営に関する基準（以下「指定基準」という。）」等にも定められています。介護保険の施行とともに、身体拘束は原則として禁止されています。なお、緊急やむを得ない場合を除き、身体拘束は、高齢者虐待にあたります。

① 介護保険で想定する身体拘束
◇ 徘徊しないように、車いすやいす、ベッドに体幹（胴）や四肢（手足）をひも等で縛る。
◇ 転落しないように、ベッドに体幹（胴）や四肢（手足）をひも等で縛る。
◇ 自分で降りられないように、ベッドを柵（サイドレール）で囲む。
◇ 点滴・経管栄養等のチューブを抜かないように、四肢（手足）をひも等で縛る。又は皮膚をかきむしらないように、手指の機能を制限するミトン型の手袋等をつける。
◇ 車いすやいすからずり落ちたり、立ち上がったりしないように、Y字型抑制帯や腰ベルト、車いすテーブルをつける。
◇ 立ち上がる能力のある人の立ち上がりを妨げるようないすを使用する。
◇ 脱衣やおむつ外しを制限するために、介護衣（つなぎ服）を着せる。
◇ 他人への迷惑行為を防ぐために、ベッドなどに体幹（胴）や四肢（手足）をひも等で縛る。
◇ 行動を落ち着かせるために、向精神薬を過剰に服用させる。
◇ 自分の意思で開けることのできない居室等に隔離する。
※厚生労働省「身体拘束ゼロへの手引き」（平成13年3月）より

② 緊急やむを得ず身体拘束した場合の対応
身体的拘束等の適正化を図るため、以下の措置を講じなければならないこととする。
・ 身体的拘束等を行う場合には、その態様及び時間、その際の入所者の心身の状況並びに緊急やむを得ない理由を記録すること。
・ 身体的拘束等の適正化のための対策を検討する委員会（※）を3月に1回以上開催するとともに、その結果について、介護職員その他従業者に周知徹底を図ること。
・ 身体的拘束等の適正化のための指針を整備すること。
・ 介護職員その他の従業者に対し、身体的拘束等の適正化のための研修を定期的に実施すること。(平成30年度改正)
（※）地域密着型介護老人福祉施設入所者生活介護、認知症対応型共同生活介護、地域密型特定施設入居者生活介護においては、運営推進会議を活用することができることとする。

やむを得ず身体拘束するときの要件（次のすべての要件を満たすことが必要）
1　切迫性（緊急的に拘束が必要である。）
　利用者本人又は他の利用者等の生命又は身体が危険にさらされる可能性が著しく高いこと
2　非代替性（他に方法が見つからない。）
　身体拘束その他の行動制限を行う以外に代替する介護方法がないこと
3　一時性（拘束する時間を限定的に定める。）
　身体拘束その他の行動制限が一時的なものであること

◇ 3つの要件をすべて満たす状態であることを「身体拘束廃止委員会」等のチームで検討、確認し記録しておきます。
◇ 緊急性の発生が、職員の対応能力に原因があることもあります。認知症ケアについての職員のスキルアップは必須です。

13　成年後見制度と福祉サービス利用援助事業（サービス利用と契約）

・ サービスの利用には、サービス事業者と入居者との「契約」が必要
・ 判断をする能力がある間は、入居者と事業者の契約が可能だが、なくなると契約を締結するためには法定代理が必要
・ 具体的な手続は、区市町村の「成年後見制度等」の担当窓口や社会福祉協議会の「福祉サービス利用援助事業」の窓口で確認

（参考）成年後見制度と福祉サービス利用援助事業の関係

事項	成年後見制度 ・法律により「代理権」「取消権」等を後見人等に付与する	福祉サービス利用援助事業 ・本人の意思に基づいて、本人に代わって契約や管理を行う（代行）	備　考
根拠法	民法　他	社会福祉法	
対象者	認知症高齢者 知的障害者 精神障害者	同左で 「契約締結能力」がある者　※	※契約能力がなくなると契約解除
判断能力	精神上の障害により判断能力が不十分な人	精神上の理由により日常生活を営むのに支障がある人	
任意後見	（略）	なし	
○補助 　精神上の障害により事理を弁識する能力が不十分な人	○補助類型 特定の法律行為が対象 ・代理は本人同が必要	○事業対象者 判断能力が不十分な人 支援計画策定等 福祉サービス利用援助 日常的金銭管理 書類等預かりサービス	○福祉サービス利用援助事業の利用者は、契約締結能力がある者に限定
○保佐 　精神上の障害により事理を弁識する能力が著しく不十分な者	○保佐類型 特定の法律行為が対象 ・代理は本人同意必要	○保佐類型も対象となる場合もあるが、契約締結能力があるか個別に判断が必要	

（成年後見制度欄の縦書き注記：財産管理に関する法律行為／身上監護に関する法律行為）

○後見 　精神上の障害により事理を弁は期する能力に欠く状況にある者	○後見類型 すべての法律行為 ・本人同意不要		○ほとんど対象外
問い合わせ先	・区市町村窓口 ・家庭裁判所 ・社会福祉協議会		・社会福祉協議会 ・区市町村

14　リハビリテーション

（「高齢者の地域における新たなリハビリテーションの在り方検討会報告書 平成27年3月」より）

　平成27年度制度改正では、高齢者の主体的な介護予防への取り組みが強く求められています。また、介護予防の観点から、リハビリと連携した介護サービスの提供についても、運営基準や加算等に反映されています。事業者はサービスの提供に当たっては、リハビリの可能性についても念頭に置くことが求められているともいえます。そのような中、リハビリテーションの在り方検討が行われ、27年3月に検討会報告書が出されましたが、その概要は以下のとおりです。

Ⅰ　高齢者のリハビリテーションを取り巻く現状

> ○　生活機能を見据えたリハビリテーション
> 　　介護予防は、高齢者が要介護状態等となることを予防すること、又は要介護状態等を軽減させ、若しくは悪化を防止することを目的とする取組である。特に、生活機能（※）の低下した高齢者に対しては、単に高齢者の運動機能や栄養状態といった身体機能の改善だけを目指すのでなく、リハビリテーションの理念を踏まえて、「心身機能」「活動」「参加」のそれぞれの要素にバランスよく働きかけ、これによって日常生活の活動を高め、家庭や地域・社会での役割を果たす、それによって一人ひとりの生きがいや自己実現を支援して、ＱＯＬの向上を目指すことが重要である。
> ※　「生活機能」について：国際生活機能分類（ＩＣＦ）では、人が生きていくための機能全体を「生活機能」と捉え、①体の働きや精神の働きである「心身機能」、②ＡＤＬ・家事・職業能力や屋外歩行といった生活行為全般である「活動」、③家庭や社会生活で役割を果たすことである「参加」の3つの要素から成るものとしている。

　そのような観点から、これまでのリハビリテーションを振りかえると、身体機能に偏ったリハビリが行われ、個別性の重視や、居宅サービスとの効果的連携、高齢者の気概や意欲を引き出す取組が不十分であったとしています。

　その上で、その状態の改善のためには以下の課題があり、リハビリテーションの実施に当たっては、個別性を重視し、高齢者の活動や参加を引き出すものとし、そのためには居宅サービスとの連携を図る必要があるとしています。

Ⅱ　見えてきた課題

1　身体機能に偏ったリハビリテーションの実施
　① 利用者の多様なニーズ
　② リハビリテーション専門職が提供しているリハビリテーションの主な目的
　③ 身体機能に偏ったリハビリテーションの実施
2　個別性を重視した適時・適切なリハビリテーションの提供
　① 画一的な個別リハビリテーションの提供
　② 通所リハビリテーションの平均的利用期間
　③ リハビリテーション専門職の通所リハビリテーション終了後の利用者の生活イメージ
　④ 利用者とリハビリテーション専門職との間の効果に対する認識の乖離
　⑤ 身体機能や日常生活を送る上での動作の今後の見通し
3　居宅サービスの効果的・効率的な連携
　① リハビリテーション専門職と介護職の連携の効果
　② 訪問リハビリテーション事業所と通所リハビリテーション事業所の併設の現状
4　高齢者の気概や意欲を引き出す取組

Ⅲ　高齢者の地域におけるリハビリテーションの新たな在り方

1　高齢者の地域におけるリハビリテーションの課題

　① 個別性を重視した適時・適切なリハビリテーションの実施
　② 「活動」や「参加」などの生活機能全般を向上させるためのバランスのとれたリハビリテーションの実施（「身体機能」に偏ったリハビリテーションの見直し）
　③ 居宅サービスの効果的・効率的な連携
　④ 高齢者の気概や意欲を引き出す取組

2　生活期のリハビリテーションの具体的な提案

　① 質の高いリハビリテーション実現のためのマネジメントの徹底（生活期リハビリテーションマネジメントの再構築）
　　ア　通所・訪問リハビリテーションサービスの開始時におけるニーズ把握・アセスメント（Survey）
　　イ　多職種協働を実現するための具体的な仕組みの導入（Plan）
　　ウ　リハビリテーションの実施（Do）
　　エ　モニタリング、計画見直し（Check、Act）
　　オ　プロセスマネジメントの徹底
　② リハビリテーション機能の特性を活かしたプログラムの充実（生活機能に焦点を当てた取組の強化）
　　ア　短期集中個別リハビリテーション
　　イ　認知症短期集中個別リハビリテーション
　　ウ　生活行為向上リハビリテーション

　その上で、今後の課題を挙げて、次の取り組む方向性を示しています。今後、リハビリテーションについては、今後の課題を踏まえた、新たな方向性が示されてくると思われます。

Ⅳ 今後更に議論すべき課題等
1 通所・訪問リハビリテーションの機能の再検討
2 地域のリハビリテーション活動の普及と地域資源の発掘
　＊ 地域リハビリテーション広域支援センター
3 医療と介護の連携
4 多職種連携・協働
5 市町村の役割
6 リハビリテーションに関する人材の資質向上
7 認知症のリハビリテーション
8 国民へのリハビリテーションの普及啓発
9 その他

15 社会福祉法人制度改革

◇ 社会福祉法人制度の在り方について

(平成26年7月4日社会福祉法人の在り方等に関する検討会報告書より抜粋)

社会福祉法人制度の改革（主な内容）

○ 公益性・非営利性を確保する観点から制度を見直し、国民に対する説明責任を果たし、地域社会に貢献する法人の在り方を徹底する。

1. 経営組織のガバナンスの強化 □ 理事・理事長に対する牽制機能の発揮 □ 財務会計に係るチェック体制の整備	○ 議決機関としての評議員会を必置　※理事等の選任 解任や役員報酬の決定など重要事項を決議 　（注）小規模法人について評議員定数に係る経過措置を設ける。 ○ 役員・理事会・評議員会の権限・責任に係る規定の整備 ○ 親族等特殊関係者の理事等への選任の制限に係る規定の整備 ○ 一定規模以上の法人への会計監査人の導入　等
2. 事業運営の透明性の向上 □ 財務諸表の公表等について法律上明記	○ 閲覧対象書類の拡大と閲覧請求者の国民一般への拡大 ○ 財務諸表、現況報告書（役員報酬総額、役員等関係者との取引内容を含む。）、役員報酬基準の公表に係る規定の整備　等
3. 財務規律の強化 ① 適正かつ公正な支出管理の確保 ② いわゆる内部留保の明確化 ③ 社会福祉事業等への計画的な再投資	① 役員報酬基準の作成と公表、役員等関係者への特別の利益供与を禁止　等 ② 純資産から事業継続に必要な財産（※）の額を控除し、福祉サービスに再投下可能な財産額（「社会福祉充実残額」）を明確化 　※①事業に活用する土地、建物等 ②建物の建替、修繕に必要な資金 ③必要な運転資金 ④基本金、国庫補助等特別積立金 ③ 再投下可能な財産額がある社会福祉法人に対して、社会福祉事業又は公益事業の新規実施 拡充に係る計画の作成を義務づけ ①社会福祉事業、②地域公益事業、③その他公益事業の順に検討）　等
4. 地域における公益的な取組を実施する責務 □ 社会福祉法人の本旨に従い他の主体では困難な福祉ニーズへの対応を求める	○ 社会福祉事業又は公益事業を行うに当たり、日常生活又は社会生活上支援を要する者に対する無料又は低額の料金で福祉サービスを提供することを責務として規定　※利用者負担の軽減、無料又は低額による高齢者の生活支援等
5. 行政の関与の在り方 □ 所轄庁による指導監督の機能強化 □ 国 都道府県 市の連携を推進	○ 都道府県の役割として、市による指導監督の支援を位置づけ ○ 経営改善や法令遵守について、柔軟に指導監督する仕組み 勧告等）に関する規定を整備 ○ 都道府県による財務諸表等の収集 分析 活用、国による全国的なデータベースの整備　等

◆社会福祉法等の一部を改正する（改正:平成28年3月31日法律第21号）

社会福祉法人制度改革のポイント
1 経営組織のガバナンスの強化
　議決機関として評議員会の設置、一定規模以上の法人に会計監査法人導入
2 事業運営の透明性

財務諸表、現況報告書、役員報酬基準等の公表に係る規定整備
3　財務規律の強化（適正かつ公平な支出管理、内部留保の明確化、社会福祉充実残額の社会福祉事業等への計画的再投資）
・役員報酬基準の作成と公表、役員等関係者への特別の利益供与の禁止等
・「社会福祉充実残額（再投下財産額）」（純資産の額から事業の継続に必要な財産額を控除した額）の明確化
・「社会福祉充実残額」を保有する法人に対して、社会福祉事業又は公益事業の新規実施・拡充に係る計画の作成を義務づける等
4　地域における公益的な取組を実施する責務
・　社会福祉事業及び公益事業を行うに当たって、無料又は低額な料金で福祉サービスを提供することを責務として規定
（平成29年4月から施行）

社会福祉法等の一部を改正する法律
○　社会福祉法人制度の改革

1　経営組織のガバナンスの強化
・　議決機関として評議員会を必置。一定規模以上の法人への会計監査人の導入等
2　事業運営の透明性の向上
・　財務諸表・現況報告書・役員報酬基準等の公表に係る規定整備等
3　財務規律の強化（適正かつ公正な支出管理・いわゆる内部留保の明確化・社会福祉事業等への計画的な再投資）
・　役員報酬基準の作成と公表、役員等関係者への特別の利益供与の禁止等
・　「社会福祉充実残額（再投下財産額）」（純資産の額から事業の継続に必要な財産額※を控除等した額）の明確化
　※①事業に活用する土地、建物等、②建物の建て替え、修繕に要する資金、③必要な運転資金、
　　④基本金及び国庫補助等特別積立金
・　「社会福祉充実残額」を保有する法人に対して、社会福祉事業又は公益事業の新規実施・拡充に係る計画の作成を義務付け等
4　地域における公益的な取組を実施する責務
・　社会福祉事業及び公益事業を行うに当たって、無料又は低額な料金で福祉サービスを提供することを責務として規定
5　行政の関与の在り方
・　所轄庁による指導監督の機能強化、国・都道府県・市の連携等

16 その他

(参考1)

① 要介護率が高くなる75歳以上の人口の推移

○75歳以上人口は、介護保険創設の2000年以降、急速に増加してきたが、2025年までの10年間も、急速に増加。
○2030年頃から75歳以上人口は急速には伸びなくなるが、一方、85歳以上人口はその後の10年程度は増加が続く。

② 介護保険料を負担する40歳以上人口の推移

○保険料負担者である40歳以上人口は、介護保険創設の2000年以降、増加してきたが、2025年以降は減少する。

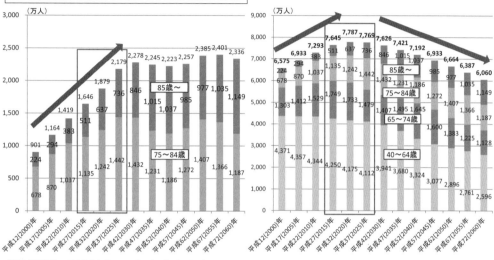

(資料)将来推計は、国立社会保障・人口問題研究所「日本の将来推計人口」(平成24年1月推計)出生中位(死亡中位)推計
実績は、総務省統計局「国勢調査」(国籍・年齢不詳人口を按分補正した人口)

平成26年2月25日厚生労働省全国介護保険・高齢者保健福祉担当課長会議資料

(参考2)

今後の介護保険をとりまく状況について

① 65歳以上の高齢者数は、2025年には3,657万人となり、2042年にはピークを迎える予測(3,878万人)。また、75歳以上高齢者の全人口に占める割合は増加していき、2055年には、25%を超える見込み。

	2012年8月	2015年	2025年	2055年
65歳以上高齢者人口(割合)	3,058万人(24.0%)	3,395万人(26.8%)	3,657万人(30.3%)	3,626万人(39.4%)
75歳以上高齢者人口(割合)	1,511万人(11.8%)	1,646万人(13.0%)	2,179万人(18.1%)	2,401万人(26.1%)

② 65歳以上高齢者のうち、「認知症高齢者の日常生活自立度」Ⅱ以上の高齢者が増加していく。

③ 世帯主が65歳以上の単独世帯や夫婦のみの世帯が増加していく。

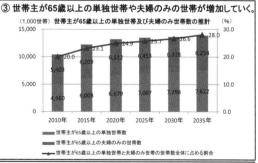

④ 75歳以上人口は、都市部では急速に増加し、もともと高齢者人口の多い地方でも緩やかに増加する。各地域の高齢化の状況は異なるため、各地域の特性に応じた対応が必要。

	埼玉県	千葉県	神奈川県	大阪府	愛知県	東京都	～	鹿児島県	島根県	山形県	全国
2010年 <>は割合	58.9万人<8.2%>	56.3万人<9.1%>	79.4万人<8.8%>	84.3万人<9.5%>	66.0万人<8.9%>	123.4万人<9.4%>	～	25.4万人<14.9%>	11.9万人<16.6%>	18.1万人<15.5%>	1419.4万人<11.1%>
2025年 <>は割合 ()は倍率	117.7万人<16.8%>(2.00倍)	108.2万人<18.1%>(1.92倍)	148.5万人<16.5%>(1.87倍)	152.8万人<18.2%>(1.81倍)	116.6万人<15.9%>(1.77倍)	197.7万人<15.0%>(1.60倍)	～	29.5万人<19.4%>(1.16倍)	13.7万人<22.1%>(1.15倍)	20.7万人<20.6%>(1.15倍)	2178.6万人<18.1%>(1.53倍)

平成26年2月25日厚生労働省全国介護保険・高齢者保健福祉担当課長会議資料

(参考3)

サービス付き高齢者向け住宅の入居者（平成24年8月）

○ 入居者の要介護度等の範囲は『自立』も含めて幅広いが、比較的、『要支援』『要介護1・2』の入居者が多く、全体としての平均要介護度は1.8となっている。

○ 一方で、開設からの期間が比較的短い住宅も多い中、『要介護4・5』の入居者も相当数認められることから、制度上は同じ「サービス付き高齢者向け住宅」であっても、個別の住宅によって機能が多様化しているものと考えられる。

○ 認知症高齢者の日常生活自立度については、『自立』『Ⅰ』で約4割を占めている。ただし、アンケート上、入居者の日常生活自立度を把握していない事業者等が約4割ある。

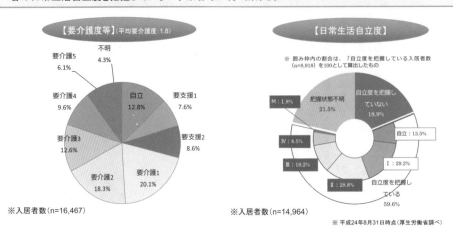

平成25年9月4日介護保険部会資料

(参考4)

平成27年度予算における主要3分野の重点課題
(1) 社会保障 ～見える化を通じた地域自らの取組強化、効率化を通じた負担増の抑制～

① 医療提供体制の改革、ICTも活用した都道府県レベルの医療費支出抑制目標と地域医療ビジョンの設定や医療費適正化計画の改定を着実に実施すべき。国全体の取組との整合性確保するため、フィードバックメカニズムを構築すべき。
② 介護報酬の妥当性を検証するとともに、黒字の多い社会福祉法人の内部留保(注)、補助の在り方等を検討すべき。
③ 薬価の適正化と薬市場の健全化に取り組み、適正な薬価を毎年の予算に反映すべき。そのため、実態調査を実施すべき。
④ 年金のマクロ経済スライドの実施、年金受給の在り方等の検討、社会保険料納付率向上への取組を進めるべき。
⑤ 生活保護については、就労支援の強化、医療扶助・住宅扶助等の適正化等を推進すべき。 等

図1. 薬価の推移
薬価改定によって実勢価を予算に反映させることが重要

改正年月日	改正区分	収載品目数	改定率 薬剤費ベース	改定率 医療費ベース
昭和63年4月1日	全面	13,636	▲10.20	▲2.90
平成元年4月1日	全面	13,713	2.40	0.65
平成2年4月1日	全面	13,352	▲9.20	▲2.70
平成4年4月1日	全面	13,573	▲8.10	▲2.40
平成6年4月1日	全面	13,375	▲6.60	▲2.00
平成8年4月1日	全面	12,869	▲6.80	▲2.60
平成9年4月1日	全面	11,974	▲4.40 1.40	▲1.27 0.40
平成10年4月1日	全面	11,692	▲9.70	▲2.70
平成12年4月1日	全面	11,287	▲7.00	▲1.60
平成14年4月1日	全面	11,191	▲6.30	▲1.30
平成16年4月1日	全面	11,993	▲4.20	▲0.90
平成18年4月1日	全面	13,311	▲6.70	▲1.60
平成20年4月1日	全面	14,359	▲5.20	▲1.10
平成22年4月1日	全面	15,455	▲5.75	▲1.23
平成24年4月1日	全面	14,902	▲6.00	▲1.26
平成26年4月1日	全面	15,303	▲5.64 2.99	▲1.22 0.64

(備考) 1．中央医療協議会「薬価改定の経緯と薬剤費及び推定率順率の年次推移」により作成。
2．薬価改定後価格＝販売価格の加重平均値（消費税抜きの市場実勢価格）×（1＋消費税率）＋（現行価格×調整幅）。
3．平成元年、平成9年下段、平成26年の下段は消費税分。平成白書によると、平成9年4月の改定は、診療報酬改定を伴い、消費税率引き上げに伴う改定を行うとともに、医療保険制度改革の一環として、診療報酬の合理化・適正化を図ることが意図されたものとされている。

図2. 介護事業の収支率と一般事業会社の収益率比較
社会福祉法人の収支差率は高く、内部保留問題の背景要因。介護報酬について、公共料金としての妥当性を検証すべき

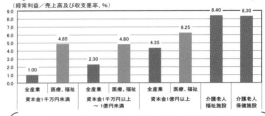

(注) 内部留保額は累計2兆円程度との指摘。「規制改革実施計画」（平成26年6月24日閣議決定）においては、「内部留保の明確化」として、①内部留保の位置付けを明確化し、福祉サービスへの再投資や社会貢献での活用を促す、②社会福祉法人に対して、明確な事業計画に基づく目的別の積立（退職給与引当金や修繕積立金等の別途積立金の活用）を行うことを指導する、と記載。

(備考) 1．財務省「法人企業統計調査」、厚生労働省「平成25年介護事業経営概況調査」により作成。
2．収支差率は、（介護事業収入＋介護事業外収入）－（介護事業費用＋借入金利息＋特別損失）の収入に対する比率である。なお、法人企業統計調査の医療、福祉業は社会福祉法人を含まない。
3．計数は何れも2010年度と2012年度の平均値。

(参考５)

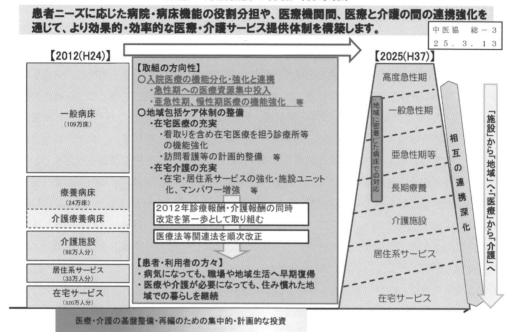

(参考６)
【経済財政運営と改革の基本方針2017　平成29年６月９日閣議決定】（抜粋）

第２章 成長と分配の好循環の拡大と中長期の発展に向けた重点課題
５．安全で安心な暮らしと経済社会の基盤確保
(3) 共助社会・共生社会づくりに向けた取組

　性的指向、性自認に関する正しい理解を促進するとともに、社会全体が多様性を受け入れる環境づくりを進め、全ての人々が地域、暮らし、生きがいを共に創り高め合う地域共生社会を実現する。市町村における地域住民と行政等との協働による包括的な支援体制の整備を推進するとともに、介護保険制度と障害福祉両制度に新たに位置付けられた共生型サービスを推進する。見直しが予定されている自殺総合対策大綱に基づき自殺対策を推進する。

第３章経済・財政一体改革の進捗・推進
３．主要分野ごとの改革の取組
(1) 社会保障
① 基本的な考え方

　2018 年度（平成30年度）は、診療報酬・介護報酬等の同時改定及び各種計画の実施、国民健康保険（国保）の財政運営の都道府県単位化の施行、介護保険制度改正の施行など重要な施策の節目の年であることから、改革の有機的な連携を図るよう施策を実施していく。公平な負担の観点を

踏まえた効果的なインセンティブを導入しつつ、「見える化」に基づく国による効果的な支援等を行うことによって、都道府県の総合的なガバナンスを強化し、**医療費・介護費の高齢化を上回る伸びを抑制しつつ**、国民のニーズに適合した効果的なサービスを効率的に提供する。

⑥ **介護保険制度等**

　介護ニーズに応じた介護サービスを確保し、地域包括ケアを推進する。保険者機能の強化に向けた財政的インセンティブの付与の在り方について、地方関係者等の意見も踏まえつつ、改正介護保険法18に盛り込まれた交付金の在り方を検討し、早期に具体化を図るなど、自立支援・重度化防止に向けた取組を促進する。あわせて、調整交付金の活用についても検討する。また、介護医療院について、介護療養病床等からの早期転換を促進するための報酬体系・施設基準を設定する。一人当たり介護費用の地域差縮減に向けて、介護費や認定率の地域差や個別の自治体の取組を「見える化」するとともに、好事例の全国展開を図る。

　介護人材の確保に向けて、これまでの介護人材の処遇改善等に加え、多様な人材の確保と人材育成、生産性向上を通じた労働負担の軽減、さらには安心・快適に働ける環境の整備を推進するなど総合的に取り組む。

　認知症施策推進総合戦略（新オレンジプラン）の実現等により、認知症の人やその介護を行う家族等への支援を行う。このため、発症予防から初期、急性増悪時、人生の最終段階という認知症の容態に応じた適時・適切な医療・介護等が提供される循環型の仕組みの構築を目指し、認知症初期集中支援チームの設置、認知症疾患医療センターの整備及び地域包括支援センターとの連携の強化その他必要な施策を推進する。また、地域包括支援センターの強化、認知症サポーターの養成・活用、生活機能障害リハビリの開発・普及、家族支援の普及、成年後見制度の利用促進など総合的に取り組む。

（参考7）
[外国人介護人材の受入れについて]
　外国人介護人材の受入れのため以下の事業等が行われる。
1　EPA（経済連携協定）に基づく外国人介護福祉士候補者の受入れについて
①　EPA介護福祉士候補者に対する学習支援
②　平成30年度は、インドネシア、フィリピン、ベトナムからそれぞれ最大300人の受入れ枠を設定
③　EPA介護福祉士の就労範囲への訪問系サービスの追加
2　介護福祉士資格を取得した留学生への在留資格の付与等
　平成28年11月の「出入国管理及び難民認定法」の改正により平成29年9月1日から在留資格「介護」が創設された。
（「平成30年3月1日社会・援護局関係主管課長会議　福祉基盤課　福祉人材確保対策室資料」から）

(参考8)
社会保障制度改革推進法(平成24年法律第64号)(抜粋)
(成立：平成24年8月10日 施行同年8月22日)　　※重要部分は下線で表示

第1章 総則
（目的）
第1条　この法律は、近年の急速な少子高齢化の進展等による社会保障給付に要する費用の増大及び生産年齢人口の減少に伴い、社会保険料に係る国民の負担が増大するとともに、国及び地方公共団体の財政状況が社会保障制度に係る負担の増大により悪化していること等に鑑み、所得税法等の一部を改正する法律（平成二十一年法律第十三号）附則第百四条の規定の趣旨を踏まえて安定した財源を確保しつつ受益と負担の均衡がとれた持続可能な社会保障制度の確立を図るため、社会保障制度改革について、その基本的な考え方その他の基本となる事項を定めるとともに、社会保障制度改革国民会議を設置すること等により、これを総合的かつ集中的に推進することを目的とする。

（基本的な考え方）
第2条　社会保障制度改革は、次に掲げる事項を基本として行われるものとする。
1　自助、共助及び公助が最も適切に組み合わされるよう留意しつつ、国民が自立した生活を営むことができるよう、家族相互及び国民相互の助け合いの仕組みを通じてその実現を支援していくこと。
2　社会保障の機能の充実と給付の重点化及び制度の運営の効率化とを同時に行い、税金や社会保険料を納付する者の立場に立って、負担の増大を抑制しつつ、持続可能な制度を実現すること。
3　年金、医療及び介護においては、社会保険制度を基本とし、国及び地方公共団体の負担は、社会保険料に係る国民の負担の適正化に充てることを基本とすること。
4　国民が広く受益する社会保障に係る費用をあらゆる世代が広く公平に分かち合う観点等から、社会保障給付に要する費用に係る国及び地方公共団体の負担の主要な財源には、消費税及び地方消費税の収入を充てるものとすること。

（介護保険制度）
第7条　政府は、介護保険の保険給付の対象となる保健医療サービス及び福祉サービスの範囲の適正化等による介護サービスの効率化及び重点化を図るとともに、低所得者をはじめとする国民の保険料に係る負担の増大を抑制しつつ必要な介護サービスを確保するものとする。

（少子化対策）
第8条　政府は、急速な少子高齢化の進展の下で、社会保障制度を持続させていくためには、社会保障制度の基盤を維持するための少子化対策を総合的かつ着実に実施していく必要があることに鑑み、単に子ども及び子どもの保護者に対する支援にとどまらず、就労、結婚、出産、育児等の各段階に応じた支援を幅広く行い、子育てに伴う喜びを実感できる社会を実現するため、待機児童（保育所における保育を行うことの申込みを行った保護者の当該申込みに係る児童であって保育所における保育が行われていないものをいう。）に関する問題を解消するための即効性のある施策等の推進に向けて、必要な法制上又は財政上の措置その他の措置を講ずるものとする。

◇執筆者紹介

石山麗子（第1部本編Ⅰ1～3、Ⅱ1、Ⅲ1～4、Ⅳ1～6）
　　　国際医療福祉大学大学院博士課程修了　博士（医療福祉学）。ケアマネジメント等の実践は障害児・者福祉、障害者就労支援、高齢者介護を経験。日本介護支援専門員協会　常任理事、内閣府その他省庁の委員会の委員を歴任、厚生労働省介護支援専門官（平成30年3月退官）、現在、国際医療福祉大学　教授
　　　主な著書は「居宅ケアプランのつくり方（事例付き）わかりやすいアセスメント」東京都福祉保健財団ほか

長谷憲明（第1部本編Ⅰ4、Ⅱ、Ⅲ5、Ⅳ5、7～10、Ⅴ、Ⅵ、Ⅶ、第2部資料編）
　　　早稲田大学商学部卒、東京都入職、福祉事務所、高齢所管課等を経て退職。関西国際大学　学長補佐（グローバル教育推進機構　教授）、平成30年3月退職、現関西国際大学　客員教授、ＮＰＯ法人サポートハウス年輪　理事等
　　　主な著書は「よくわかる　新しい介護保険のしくみ（平成30年対応版）」瀬谷出版ほか

わかりやすい介護保険制度改正の概要
～平成30年度制度改正のポイント～

平成30年6月27日　　第1刷発行

発行　公益財団法人　東京都福祉保健財団
　　　〒163-0719　東京都新宿区西新宿2-7-1　小田急第一生命ビル19階
　　　TEL：03(3344)8632
　　　FAX：03(3344)8594
　　　URL：http://www.fukushizaidan.jp/

印刷・製本　そうめいコミュニケーションプリンティング

ISBN 978-4-902042-57-3
Printed in Japan ©東京都福祉保健財団

●許可なく転載・複製をしないでください。